世界五千年
科技故事丛书

卢嘉锡题

世界五千年科技故事丛书

制服怒水泽千秋

李冰的故事

丛书主编　管成学　赵骥民

编著　李劲松　何晓玲

吉林出版集团｜吉林科学技术出版社

图书在版编目（CIP）数据

制服怒水泽千秋：李冰的故事 / 管成学，赵骥民主编.
-- 长春：吉林科学技术出版社，2012.10（2022.1重印）
ISBN 978-7-5384-6097-1

Ⅰ.① 制⋯ Ⅱ.① 管⋯ ② 赵⋯ Ⅲ.① 李冰（前256～前251）
－生平事迹－通俗读物 Ⅳ.① K826.1-49

中国版本图书馆CIP数据核字（2012）第156245号

制服怒水泽千秋：李冰的故事

主　　编　管成学　赵骥民
出 版 人　宛　霞
选题策划　张瑛琳
责任编辑　朱　萌
封面设计　新华智品
制　　版　长春美印图文设计有限公司
开　　本　640mm×960mm　1 / 16
字　　数　100千字
印　　张　7.5
版　　次　2012年10月第1版
印　　次　2022年1月第5次印刷

出　　版　吉林出版集团
　　　　　吉林科学技术出版社
发　　行　吉林科学技术出版社
地　　址　长春市净月区福祉大路 5788 号
邮　　编　130118
发行部电话 / 传真　0431-81629529　81629530　81629531
　　　　　　　　　　81629532　81629533　81629534

储运部电话　0431-86059116
编辑部电话　0431-81629518
网　　址　www.jlstp.net
印　　刷　北京一鑫印务有限责任公司

书　　号　ISBN 978-7-5384-6097-1
定　　价　33.00元
如有印装质量问题可寄出版社调换

序 言

十一届全国人大副委员长、中国科学院前院长、两院院士

（签名）

　　放眼21世纪，科学技术将以无法想象的速度迅猛发展，知识经济将全面崛起，国际竞争与合作将出现前所未有的激烈和广泛局面。在严峻的挑战面前，中华民族靠什么屹立于世界民族之林？靠人才，靠德、智、体、能、美全面发展的一代新人。今天的中小学生届时将要肩负起民族强盛的历史使命。为此，我们的知识界、出版界都应责无旁贷地多为他们提供丰富的精神养料。现在，一套大型的向广大青少年传播世界科学技术史知识的科普读物《世

界五千年科技故事丛书》出版面世了。

由中国科学院自然科学研究所、清华大学科技史暨古文献研究所、中国中医研究院医史文献研究所和温州师范学院、吉林省科普作家协会的同志们共同撰写的这套丛书，以世界五千年科学技术史为经，以各时代杰出的科技精英的科技创新活动作纬，勾画了世界科技发展的生动图景。作者着力于科学性与可读性相结合，思想性与趣味性相结合，历史性与时代性相结合，通过故事来讲述科学发现的真实历史条件和科学工作的艰苦性。本书中介绍了科学家们独立思考、敢于怀疑、勇于创新、百折不挠、求真务实的科学精神和他们在工作生活中宝贵的协作、友爱、宽容的人文精神。使青少年读者从科学家的故事中感受科学大师们的智慧、科学的思维方法和实验方法，受到有益的思想启迪。从有关人类重大科技活动的故事中，引起对人类社会发展重大问题的密切关注，全面地理解科学，树立正确的科学观，在知识经济时代理智地对待科学、对待社会、对待人生。阅读这套丛书是对课本的很好补充，是进行素质教育的理想读物。

读史使人明智。在历史的长河中，中华民族曾经创造了灿烂的科技文明，明代以前我国的科技一直处于世界领先地位，涌现出张衡、张仲景、祖冲之、僧一行、沈括、郭守敬、李时珍、徐光启、宋应星这样一批具有世界影响的科学家，而在近现代，中国具有世界级影响的科学家并不多，与我们这个有着13亿人口的泱泱大国并不相称，与世界先进科技水平相比较，在总体上我国的科技水平还存在着较大差距。当今世界各国都把科学技术视为推动社会发展的巨大动力，把培养科技创新人才当做提高创新能力的战略方针。我国也不失时机地确立了科技兴国战略，确立了全面实施素质教育，提高全民素质，培养适应21世纪需要的创新人才的战略决策。党的十六大又提出要形成全民学习、终身学习的学习型社会，形成比较完善的科技和文化创新体系。要全面建设小康社会，加快推进社会主义现代化建设，我们需要一代具有创新精神的人才，需要更多更伟大的科学家和工程技术人才。我真诚地希望这套丛书能激发青少年爱祖国、爱科学的热情，树立起献身科技事业的信念，努力拼搏，勇攀高峰，争当新世纪的优秀科技创新人才。

目　录

目　录

李冰之前的古代巴蜀

巴川蜀水

古代的巴蜀地区，地处现在我国西南部的四川省。众所周知，四川省以其世间罕见丰富的水资源，享有"千水之省"的美誉。自古以来，巴川蜀水便闻名于世，其江河之众多，其水势之浩大，其山川之秀美，堪称世间一绝，而古代蜀地的经济、政治重心——成都平原，更是由这些江河中的岷江、沱江直接造就而成的。

岷江和沱江被人们比作是哺育"天府之国"——成都平原的母亲，这片肥沃的平原土地，就是由它们的支流长期冲积形成的。

岷江，发源于凯山的弓杠岭和郎架岭，在这里，众多小溪汇成巨流直冲而下，过松潘，经茂汶，从崇山峡谷中奔腾而出，直达成都平原的顶端——灌县（今都江堰市）。灌县的南端，建筑有举世闻名的水利设施都江堰。岷江被这座历经两千余年的古老大堰劈分为内江和外江两条支流：外江，自成都平原外沿直抵新津；内江，则分成若干支流及人工干渠，彼此交织着穿过成都平原，到达新津。在此，内外江合二为一，在四川盆地中曲洄前进，在乐山脚下，汇合大渡河水，浩浩荡荡奔向宜宾，融入长江。岷江全长735千米，流域面积12.88万平方千米，是四川省内水量最大的河流。

沱江，源于龙门山西南支的九顶山，由湔江、石亭江、绵远河三支水流汇集成一股，从金汤县赵家渡出发，穿金堂峡谷，走四川盆地，蜿蜒702千米，到达泸州汇入长江。

岷、沱二江在巴蜀大地上遥遥相望，彼此几乎平行地向前奔流，在他们之间，不时会有几条支流将其纽带磐地联结起来，使之彼此响应着流过平原地区。

正是这滔滔江河，造化了肥沃的土壤，哺育着芸芸众生，同时，也启蒙了历史悠久的巴蜀文明。

然而，奔流的江河一面泽及着巴蜀大地，一面又以连绵不绝的水患肆虐着生存在这里的人们。由于巴蜀地区降雨量丰沛，地面径流丰富，每每因排水不畅，导致水灾接踵而来。但是，恰恰也正是这不断的水患，成就了巴蜀文化重要的组成部分——水利科技文明，并随之造就出一代又一代的治水英杰：杜宇、鳖灵、李冰……

古蜀沧桑

早在数万年前的旧石器时代，四川盆地及其周边山区便已有了人类活动的足迹。近年来的考古发现证明，迟至新石器时代（距今四五千年），这里即已出现了许多氏族部落。但是，蜀和巴作为一个早期国家出现，则是在殷末周初，有文献记载，当时这两国的军队曾参与了周武伐殷纣的战争。

最早的蜀王是蚕丛氏，他统领的氏族部落生活在岷山中，他们也不时尝试着向平原发展，但不断发生的水灾使他们望而却步，最终还是蛰居山中了。

蚕丛氏之后的蜀王柏灌氏，率领部众从山区迁徙到平原，在以灌县为中心的地区活动。灌县，地处成都平原的顶端，地势较高，这里濒临岷江，水资源丰足，是发展农业的理想的平原高地。

此后，鱼凫氏作了蜀王，他的部落栖息水边，生活足迹遍及成都平原地区，他们以其在青铜冶炼、制玉、纺织等方面的杰出成就，创造出了举世闻名的广汉三星堆文化。作为古代巴蜀文明重要组成部分的三星堆文化，被世人誉为中国古代科技文明中的又一大奇迹。

上述所及的三代蜀王朝，均是以渔猎生活为主，农牧生产为辅的部落军事联盟集团，他们在蜀的统治皆历经多年，一般人们习惯上认为他们彼此是先后承传的关系，但据考古发现所证实，其间也伴随着一段时间的并存关系。

李冰之前的治水先驱

望帝杜宇

大约在西周后期至春秋中叶，杜宇成为蜀国的领袖。七国时，杜宇称帝，号望帝。

望帝杜宇在位时，为教化蜀地百姓倾心尽田径。他率领蜀人自朱提（今云南东北部昭通一带）北上，汇集川西山区的一支蜀人敌众，迁徙到成都平原定居生活。在今四川省境内，有一座绵亘于汶山、茂县、德阳诸县的山脉，叫做汶山，它是岷山南下的支脉，立峰位于茂县境内，固山上有九峰，故称"九顶山"。杜宇带领蜀人就在这山下开垦土地，治理平原，逐渐完成了由游猎向农耕的转化。杜宇他们在这里建立起了一座古代的城市——也就是当时蜀国的都城，郫邑。郫邑，在今郫县城北的里处。

每到布谷催春时节，杜宇便率领百姓在成都平原的沃土上耕耘播种。伴随着布谷鸟儿"布谷"、"布谷"的声声脆鸣，广袤的原野上尽被青苗染绿。在杜宇的精心指导下，蜀人的农耕技艺达到高的水平。以致巴人也顺从了杜宇的教化，学习农耕技术，且尊奉他为"杜主君"。

由于杜宇的出色领导，蜀国达到了一个鼎盛时期。当时蜀国的地域相当宽广：北边，到了褒斜，即今陕南汉中；西部，抵熊耳、吴关，即今青神到宝兴，声山一线；南方，远到南中，即今云南、贵州的北部；东面，则与巴交错融合。一时，蜀国称雄西南。

在杜宇执政期间，蜀地发生了特大水灾。当时大约是在公元前7世纪前后，大气环流的周期性循环进入了一个多雨的时期。此时的蜀国，也经常性地受到暴雨的袭击。一时间，遍布在巴蜀大地上的千百条江河一下子显露出它们原始的野性。洪水滔水，肆意横流，人们辛辛苦苦建成的田园，即将收获的庄稼，立即被大水席卷而去。洪水所及之处，房倒屋塌，百姓四散奔逃。好不容易熬到雨停水退，人们才从丘陵高岗上下来，在平原泥泞的土地上重建家园。年复一年，蜀地百姓就这样在水患的苦痛之中艰难挣扎。

话说到了这一年，蜀国再次遭受到了罕见的暴雨袭击，洪水暴涨。由于滑坡塌方，往年蜀地江水的出口——金堂峡谷被土石、树木所堵塞。这样一来，滔滔的洪水奔流到此盘旋不得出路。上游水流冲来大量的沙石、草木，把峡谷愈堵愈死，结果洪水猛涨，没几日，蜀地便成了一片汪洋泽国。

雨停了，可是人们吃惊地发现，这次洪水同往年不一样，非但不见消退，反而日渐涨高，这下子百姓们慌了神，纷纷逃往高处，一时间田野哭声恸天。

面对这百世罕见的洪涝灾害，杜宇也是心急如焚，但他并不懂得如何治水，直急得求巫占卜，企盼神灵保佑。

或许是望帝杜宇的一片诚心感动了上苍，他还真的得到了一位精于治水的良臣。他，就是来自楚地的鳖灵。

开明治水

传说鳖灵本是楚国人，因得罪了楚人，走投无路，被迫投江自杀。当楚人追到江边时，发现了一件怪事，只见鳖灵的尸身竟然逆流而上！楚人惊呆了，竟然忘记了追赶，眼睁睁地看着鳖灵的尸身溯江而上，渐渐远去……

当鳖灵漂到蜀国的没山脚下时，不想又活过来。他抬眼四下观望，只见满目汪洋世界，蜀人哭天喊地，束手无策。

说来也巧，鳖灵正好擅长治水。他认为这正是自己大展才华的好机会，既可以拯救蜀地百姓脱离水患之苦，又能借此谋求安身立命之所。于是，他就找到了蜀王杜宇。

杜宇听说鳖灵能治理水患，喜出望外，忙请他入都城郫邑，详细询问治水之道。鳖灵对杜宇和众首领，大臣所提出的问题一一作了详尽精确的解答，杜宇感到鳖灵才华过人，而且举措非凡。于是，当即任命鳖灵为蜀相，委派他全权总理治水大事。

鳖灵上任后做的第一件事，就是深入洪涝灾区。勘察水势地形。他终于找到了此番洪水长久不退的症结所在，那些流经平原地区的江河东去受阻，原来的出口金堂峡谷被堵塞，大水因此而滞留在平原荡漾不退。鳖灵针对这一实际情况判定了具体的排洪方案。

不久，鳖灵率领数万民众，驾着竹筏，浩浩荡荡地开到金堂。在他的指挥下，经过数月的苦战，终于疏通了峡谷河道。于是，被滞阻了许久的洪水，挟带着蓄久的巨大力量，以一泻千里之势，从峡谷中急泻而出，滔滔东去。

大地渐渐露出了陇岗，平原的土地终于重见了天日。蜀地的百姓欢呼着冲下高岗，他们又成了陆地的主人！

鳖灵掘通金堂峪谷，疏导洪水的壮举，给后人留下了许多传奇般的故事。时至今日，当地还流传着这样的传说：当年在疏通峡谷时，鳖灵看到河道狭窄、泄洪速度太慢，急恼之下，大发神威，只见他纵身跃起，左脚在右岸的山顶上踏实，右脚鼓足气力向对岸猛蹬过去，一下子把峡谷拓宽了一倍有余！在平原上回旋的洪水随之汹涌而去，很快就退尽了。如今在金堂峡谷两岸的炮名山和云顶山上，各有一块巨石，上面还真的印有一记脚印！这就给那些美丽动人的传说附会上一层神秘的色彩。尽管这一景观是大自然的造化之功，但蜀人却认定这是他们鳖灵老祖的神威所至。这从一个侧面也反映出了后人对治水先辈的敬仰及对他们功绩的缅怀之情。

鳖灵导洪成功，使蜀国的百姓得以在被洪水冲毁的废墟上重建家园，人们辛勤劳动，又换来了喜人的丰收，蜀国从此再度昌盛。

念及鳖灵治水卓著的功绩，望帝杜宇便效仿古时尧、舜、禹三位禅受的风尚，把蜀国的王位禅让给了鳖灵。鳖灵即位，定王号"开明"，蜀人尊称他为"丛帝"。从此，蜀国由杜宇王朝进入了开明王朝。

开明王执掌蜀国王政之后，仍然把治理蜀国水利作为他的首要政务。这时，蜀国东部的金堂峡江河出口处的水患已经得到解决，而从西部冲入平原地区的岷江还不时危害着蜀地。于是，开明王把治水的重点转向岷江。

在治理岷江之初，开明王先对岷江流域的地理状况做了比较详细的考察，他发现岷江自上游的高原地区冲入平原后，河道渐渐变得曲折蜿蜒。每当洪水季节到来时，这些纵横枝杈的河流便四处溢水，进而导致河道反复变迁，变幻无常，水灾也因此不断发生。鉴于这种状况，开明王决定选取一条向东流经的地势较低的河道，作为排泄洪水的主干道，对这条河道进行改造，实施截弯取直、加固岸堤等多项工程设施，以此来保证水流畅行无阻，这样，就能使岷江水沿着人们选定的线路穿过平原奔流而下。

开明王所开设的这条泄洪干道，一端在岷江，另一端则插入沱江。这样，无论怎样凶猛的洪水，到了这里，也只好分流而行，其中一路，沿着岷江故道继续奔流而下，另一支水流，则通过泄洪干道分向沱江。洪水分流，水势消减，岷江便失去了往日的威风，它对平原地区的危害也随之大大减少了。

这条泄洪干道的具体位置，上端起自灌县的马耳墩，向东沿徐堰河河道，插入毗河，最后流至金堂赵镇。

开明王主持的这项大型水利工程，历史上称作东别为沱。在工程实施过程中，开明王他们运用的许多科学思想的工程技术，在水利科学发展史上均属首创，这些思想方法本身所包含的科学性以及产生的明显效益，为后世李冰等人治理蜀中水利提供了有益的前鉴。

诚然，由于科学水平和历史的局限，鳖灵治水虽取得了极大成就，任水患未能得到根治，水灾不断发生的局面没能得到根本性地改观。尤其是在丛帝鳖灵去位之后，成都平原地区更是常常被水患所袭扰。水灾不仅严酷威胁着蜀国百姓的生命，也严酷桎梏着蜀地经济的向前发展。

无情的洪水淹没了广袤肥沃的成都平原大地，也把这"天府之国"的大门紧紧封闭住了。巴蜀大地渴望能重见天日，"天府"之门也期待着有志的人们去开启。江山有待后人出！战国末期，我国古代著名的水利专家李冰，当仁不让地承担起这一历史性的重任。

强秦蜀

强秦蜀

  自春秋中期至战国后期,蜀国的开明王朝共历12世,经300余年。开明王朝是古代巴蜀历史上重要的时期。此间,蜀国经济发展,国势强盛,它不仅成为巴蜀地区以及西南诸多小国及部落的控制者,而且能与相邻的大国秦、楚抗衡。

  蜀国肥沃的土地,丰富的资源,许久以来就让环视它的秦、楚所觊觎,它们之间不可避免地发生了许多次战争。在开明王朝初期,由于蜀国方兴未艾,故而在与他国的征战中一度占有相当的优势。蜀与北面的秦国交战数次,秦竟未能占去多少便宜,而蜀则一直占据着汉中盆地;在与东面的楚国交兵过程中,蜀以地之优——据长江上游而居高临下，兼集兵甲战船之长，数度击败楚军，还曾攻城掠地，夺取了楚国的部分领土。

当时的秦国，囿于本国实力有限，奈何不了正值强盛时期的蜀国，图蜀之心也只是可望而不可及。然而，精明的秦王针对具体形势，对蜀采取了既打又拉的外交策略。打，通过在秦、蜀边境的数次交战，使蜀领教了能"耐苦战"的秦兵的实力，从而基本上抑制了雄心勃勃的蜀王向东扩张的意志，秦国西境因此而相对安定，秦才能专心致志地发展自己的军事、经济力量，若干年以后，秦、蜀两国实力对比发生了根本性的改观。根据文献记载，秦王曾几次遣使入蜀通好，每次都给蜀王送去大量的礼物，秦的这一手段极为奏效，蜀王麻痹起来，盲目地认为秦惧怕蜀国的强大，对蜀构不成威胁。于是，蜀王将军事力量大批地投入到与巴国的"战争"中，连年的征战，蜀国实力日渐削弱，有时不得不向秦国求助。这就为后来蜀国引狼入室自取灭亡埋下了深深的祸根。

强秦灭蜀

战国初期，秦国势弱。秦孝公即位后，实施变法改革，秦国力日渐强盛。公元前337年，惠文君即位，秉承孝公志向，秦国经济、军事力量得到空前的发展，一举成为中原诸侯国中的强国。公元前325年，惠文公称王，立下统一天下的宏伟志向。自此，忠文公以下秦国历代国君无不以统一天下为既定国策。

然而，秦国向东扩张受到了严重的阻碍。中原诸侯面对强秦咄咄逼人的气势，联合与秦抗衡，一时令秦举步维艰，收效甚微。对此，秦及时调整布局，决定先西进，向秦早就为之垂涎不已的巴蜀开刀，取巴蜀以扩展秦国版图，利用巴蜀丰富的自然资源作为秦国进取天下的物质基础。这就是史书上所记载的秦国制定的"得蜀则得楚，楚亡则天下并"的大政方针。

　　秦国吞并巴蜀之心已是昭然若揭，但是秦成功的外交手段彻底瞒住了巴、蜀国君。巴、蜀两国仍陷在无休止的争伐中，都幻想着能借助秦国的力量消灭对方，以致同时向秦遣使求救！秦惠王接到两国的援书后，与群臣商议，认为这是天赐良机，机不可失，应速决断。

　　公元前316年秋，秦王遣张仪，大将司马错，都尉墨等率领秦兵伐蜀。秦军经议中，一举攻灭蜀国，然后挥师取巴国，不到三个月，将巴蜀地区统一到秦之内，随后设置郡县，分原巴蜀北部今汉中盆地设汉中郡，其余蜀地设蜀郡、巴地设巴郡。从此，巴与蜀作为国家不复存在。

　　蜀国灭亡后，开明王朝的余部自然不会甘心臣服于秦的统治，他们曾进行了数十年的反抗，以后逐步退入川西、川南的山区。其中一支，竟历经半个世纪左右，辗转经过今云南、广西，最后到达交趾国（今越南地区），他们打败了当地的部族，建邦立国，自称"安阳王"，立"瓯骆国"。直到西汉高后时期，才被南越王越沱平灭。

蜀郡初治

蜀郡设置之初，由领军灭蜀的大将司马错出任首任蜀郡守。亡国的蜀地因势力不断组织抵抗秦国统治的活动，司马错统兵东奔西杀，无心旁顾。这一时期，秦统治者的武功在蜀地得到了充分的宣扬。而文治则基本谈不上了。两三年后，司马错奉命离任，返还秦都咸阳。

秦王十分重视对蜀郡的统治，在司马错之后，曾先后三次封蜀侯，出掌蜀郡政权。三任蜀侯或是因企图再度自为王，搞封建割据，被秦王派兵平灭，或是为秦王猜忌，无端被杀。总之，秦王朝密切关注着蜀地的政局，以致紧张到了草木皆兵的地步。

不久，张若奉命入蜀做了第二任郡守。在他任蜀守期间，主要任务是以蜀郡为基地，向楚发动攻击，以夺取楚黔中地区。楚黔中，是指包括今重庆、川、泸州等地在内的川东地区。黔中地区在当时具有非常重要的战略价值，对楚国来说，占据黔中后，进，可以以黔中为桥头堡，与秦国争夺尚未稳定的巴蜀地区；守，则可依托黔中，凭借楚国强大的水军力量，屏蔽和抑制秦对楚的侵蚀。对秦国而言，黔中的战略意义直截了当，占据黔中，自长江上游，以高屋建瓴之势尽可直取楚地。基于上述原因，秦、楚双方在黔中展开了激烈的战斗，一时呈胶着状态，率领军占领蜀部郡守张若因此滞留黔中。

直到秦昭王三十年（前277），秦军才彻底攻占了黔中地区，随即设置黔中郡。张若奉命驻黔中，建筑城池关隘以防楚军反攻，不久张若任黔中郡守。

自秦灭蜀设置蜀部，司马错任首届郡守时起，到张若蜀守之任时止，是秦国统治地的初期阶段，其间经历约四十年左右。

在这四十余年的时间里，秦对蜀采取了以武力镇守的统治形式，没有开展大规模的经济建设。这种形式的产生，是由于在这段特定历史时期内特殊的内部和外部环境所决定的。

在蜀地内部，秦设蜀郡之初，当地人们的对抗情绪十分强烈，旧势力挑起的反抗活动此伏彼起，秦统治者若不采取严厉的军事高压手段是根本无法在蜀立足的；外部环境，秦与楚争夺黔中，动用了大量人力物力来支持战争。以致蜀守张若也要领军赴黔中长期参战，这使得秦统治者无暇顾及蜀地的经济建设问题。

同时，搞大规模的经济建设需要大量的劳动力。蜀人在强烈的抵触情绪下是难以有热情从事秦统治者领导下的经济活动的。尽管在张若任蜀守期间，秦已经开始向巴蜀地区大量移民，但远水终究解不了近渴，加之秦移民中手工业者、富商成分占很大比重，农业劳力则很少，因此，秦统治者没有，也不可能在这个历史时期开展经济建设。

此外，客观上的因素也阻碍了这一时期的经济建设。连年的水患，对蜀地特别是农业生产造成了严重的破坏。

而武将出身的蜀郡守，或者是王公贵族出身的蜀侯，都不懂得治水，所以，蜀地的经济建设在经历了战争的破坏之后，又由于天灾，而进一步恶化。

在秦理顺了蜀地内、外环节之后，蜀地的经济建设成为当务之急的大事。秦昭王清楚地意识到，蜀地的经济如果不能迅速恢复和发展，秦国就无法利用蜀地的支持统一天下的战争，相反，蜀地还要成为国家沉重的负担。而要治理好蜀郡，必须有一位精于管理，长于治水的官员出任蜀郡守才行，秦王斟酌再三，终于决定选派才能出众的李冰任蜀郡守。

秦昭王三十年（前277），李冰前往蜀郡接任郡守，从此揭开了蜀地大兴水利建设，并以此带动当地经济腾飞的历史性一页。

蜀守李冰

蜀守李冰

李冰出任蜀郡守，实在是有些临危受命的味道，蜀地饱受战争创伤，百废待兴，一切重任压在李冰身上。李冰是何以受到秦昭王的信赖呢？

李冰，是我国战国末期出生的政治家、著名的水利专家。他大约出生于秦昭王五年（前302），卒于秦始皇十二年（前235），原籍楚地，祖上迁居陇南。据史书记载，李冰学识非常渊博，"知天文地理"，通晓水利、农业技法。早在出任蜀郡守之前，便已是秦国著名的官员。由于他出众的才能，更兼精于治水，终于脱颖而出，为知人善任的秦昭王选中，委以治理蜀地的重任。

李冰深知责任重大，熟读史籍的他，对于治水的艰辛有着更深层次的体会。古往今来，众多治水人物的事迹，或辉煌，或悲壮，都令他铭心刻骨。他自幼久居秦地，秦文化乃至中原文化对他有深刻的影响，其中鲧伯障水、大禹导川等重大治水事件他已是熟稔于胸。前人的治水方法各有所长，也各有所据，他从中受益匪浅。

鲧伯，相传是天帝之孙。适逢人间洪水泛滥，汪洋一片。人们流离失所，奔走呼号。看到人间的惨状，鲧伯顿生怜悯之心。他多次上奏天帝请求收回大水，便屡遭拒绝，鲧伯心急如焚。

猫头鹰和乌龟得知鲧伯欲救人们于水火，但苦无良策，便向他建议取"息壤"来试试。息壤是一种可自生自长的神土，被天帝珍藏在昆仑山的行宫里。用息壤来堵塞洪水的去路，以此抑制水患蔓延。鲧伯决定采取这个方法。

于是，鲧伯冒触犯天条的危险，长途跋涉，来到昆仑山。他化作玄鱼，偷渡"弱水之湖"——据说此湖连羽毛都浮不起来；又变成白马，穿过火焰山，历尽千难万险，终于从天帝的行宫中窃得息壤。

鲧伯把息壤洒向人间，霎时间，一道道堤坝拔地而起，像一道道屏障，挡住了汹涌咆哮的洪水。人们终于得救了！

鲧伯窃息壤以障洪水的事传至天庭，天帝震怒。他收回息壤，并下令将鲧伯押至羽山受戮。奇怪的事情发生了！鲧伯死后，尸体经久不腐，反而熠熠生辉。天帝闻报惊怒不已，再令火神祝融赶到羽山，对鲧伯二施诛戮。祝融用神刀壁鲧腹，不想从鲧伯的腹中竟跃出一个新的生命！他就是禹，继承鲧伯未竟的治水大业的接班人大禹。

事实上，鲧只不过是一个凡人，这些有关他的神奇传说，是因为人们感激他为百姓治水所付出的艰苦努力，把他神化了。鲧伯所采用的治水方法是"壅防百川，以障洪水"，其中心内容就是单纯构筑堤坝，堵塞洪水去路，以达到局部控制水患的目的。这种方法，被动而消极，治标而无法治本，不能根除水患。所以鲧伯治水九年，东堵西挡，疲于奔命，但结果却收效甚微，劳而无功。最后，鲧绝望而身沉羽渊。他的失败，为后人留下沉痛而深刻的教训。

说来也巧，鲧伯之后的治水英雄大禹与蜀地还有着很深的渊源。据许多文献证实，大禹本是出生在岷山石纽刳儿坪的先蜀先民！他自幼受到水边生活民族的文化熏陶，后来，他来到中原参加和领导了中原治水的活动，建立不朽的功勋。

大禹吸取了鲧治水的经验和教训，他认为首先应"因水为师"，就是要掌握水流运动规律，这是治水的基础。因此，他"左准绳，右规矩"，"行山表木，定高山大川"，这是讲禹使用"准绳"、"规矩"等测量仪器对高山大川进行实地测量，从中探求水流规律，而后，他依据实测结果制定出了"决九川距四海，浚畎浍距川"的治水方案。大禹治水方法的精髓在于因势利导，疏浚主要河道。与此同时，在具体实施过程中，大禹又创造了在主河道局部"截弯取直"的方法，这样一来，河道变得十分通畅了。此外，大禹还修建了一系列相应的辅助支渠，将在田野漫流的洪水顺着支渠归到主河道中，而后，沿主河道浩浩荡荡流向大海。于是，大水退尽，水患消除。

相比之下，大禹采取的积极疏导水流的方法比鲧伯被动地单纯以堤坝堵塞水流的方法要前进了一大步。这也是古代巴蜀文化与中原文化成功结合的一个典范。

前人治水的悲壮教训与成功经验，都使李冰从中汲取到宝贵的知识。他决定借鉴大禹以疏导为主的治水思想，采取疏导与堤防并举的方法来治理蜀地的水患。

李冰管辖下的蜀郡

自秦惠文王后元九年（前316）秦灭蜀国，即设置蜀部，府治成都。蜀郡所辖地区在以后多有变化，比较混乱，根据文献资料推断李冰时期蜀郡所管治的地区情况大致如下。

蜀郡下辖县有：成都，今地包括成都市区、郊区及部分简阳地区；郫邑，今地包括郫县、温江及部分崇庆地区；临邛，今地包括邛崃及部分崇庆、新津、大邑地区；广都，今地包括双流及部分崇庆、沂津、仁秦地区；繁，今地包括部分的彭县，广汉地区；沮，今地包括甘肃的成县、武都、文县、康县及嘉陵江以西的略徽县地区；葭，今地包括广元、青川、旺苍及部分的江油、南江、剑阁地区；武阳，今地包括彭山、眉山，及部分的仁寿、新津、井研地区；南安，今地包括乐山、峨嵋、夹江、青神及部分的犍为、荣县、凉山自治州地区；什邡，今地包括什邡及部分广汉地区；新都，今地包括新都、金堂地区；今地包括资阳、内江、自贡、威远、乐圣、及部分的遂宁、安岳地区；梓潼，今地包括梓潼、江油、绵阳、北川、安县及部分的剑阁、德阳、盐亭地区；蒲阳，今地包括蒲江、丹棱、洪雅地区；汉阳，今地包括贵州的大方、水城、威宁、毕节、织金、赫章及方南的昭通等地。

蜀郡下辖县有：湔氐道，今地包括灌县（后改名都江堰市）、彭县及什邡的部分地区；严道，今地包括蒙经、雅安、汉源、名山及部分芦山、天全、石棉和甘孜、阿坝州的部分地区；楚道，今地包括宜宾，高原，珙县、筠连、长宁、兴文及部分荣县、犍为、南溪、屏山和凉山州部分地区；青衣道，今地包括部分的名山、芦山、天全、宝兴地区；笮道，今地包括宝兴北部、崇庆西部、大邑北部及三服的西北部分地区。

李冰时期蜀郡的周边界限现在难以下定论，大致轮廓如下：

与邻郡巴郡的分界：南边，大致在江阳（今泸州市）与楚道（今宜宾市）之间；北边，以梓潼、段萌、阆中、南充一线为界，前两县属蜀郡，后者归巴郡；中间地段，广汉（今射洪）以下经今遂宁、潼南至合川一段，大致以涪江为界，江西属蜀郡，江东归巴郡。

东北部，以汉中郡至剑阁一线为界，西边界限于湔氐道；西南部，以严道、笮道、南安、楚道四县、道为界限。

蜀地自古就是一个多民族的聚居地，李冰时期的蜀郡，虽从境外迁入移民万余户（其中主要是秦人，此外还有少量其他被秦吞并国的人口），但在蜀郡只占人口组成的一小部分，大部分还是当地土著民族，其中蜀郡西部民族是氐、羌、夷三大文系组成的"西戎"，东部则是僚系。在这多民族的蜀郡，多种民族的宗教文化习俗的交汇，融合成了蜀地风格鲜明的地域文化，如何治理和改造蜀地的自然风貌，如何管理和统治多民族的蜀地民众，这一难题摆在了蜀郡守李冰的面前。

叩响"天府"之门

融合蜀汉文化

李冰到达蜀郡后，对巴蜀的历史和文化有了进一步的了解，蜀地古老的文明使他大为叹服，古蜀先人胼手胝足拓土建邦，导河治水的壮丽史诗给他以很大教益和启迪。

针对当时蜀人对于秦人灭蜀，入主蜀地的现实尚有抵触情绪的状况，李冰决定先以治通和融合蜀汉文化为突破口，借助蜀地传统宗教习俗的影响，缓和蜀人中反抗情绪，争取民心，为进一步巩固和发展秦在蜀的政权，以及恢复和发展蜀地经济，做好人员上的准备工作。

于是，李冰上奏秦王，请求设立祠庙，隆重祭祀蜀神、蜀宗。这一请求当即得到批准并付诸实施。

《史记·封禅书》记载，秦统一天下后，曾令负责祭祀的官员，将各地所信奉拜祭的，有利于秦王朝的统治的名山、大川的神氏编排为序，上奏秦朝廷，统一规定祭祀级别和佘礼。当时全国四十六郡，但秦王审定批准的祀庙只有十八座，而蜀郡便占了两座，这从一个侧面反映了秦对蜀地的重视程度。其实，秦王的本意在于以宗教手段束缚百姓，特别是被征服地区百姓的思想，从而达到巩固秦中央集权的统治。蜀郡被批准的两座祠庙，即李冰当时所立三祠中的两座：渎山、江水。

李冰所立三祠为：

渎山，即蜀地的汶山，它是古蜀发祥地，是巴蜀文化的发源地之一，通过对渎山的祭典活动，表达出李冰对古老巴蜀文化的崇尚之情；

江水，祠蜀。蜀地先民依水而栖，伴水而生，巴蜀大地的江河孕育出光辉灿烂的当地古代文明，给人们带来欢乐，也给人们带来灾祸对江水的祭典，表现了李冰尊重蜀地传统习俗，重视对江河治理的态度。

望帝祠，祭蜀王杜宇，直接表达出李冰对这位曾经教化蜀民，振兴蜀地农业生产及经济建设的古蜀杰出领袖的敬仰之心。

李冰主持的祭祀活动十分隆重，他采用了中原祭祀的最高级别，祭用三牲——即牛、羊、猪三牲。在巫师的祭祀礼仪和舞蹈之后，李冰亲自将玉制的神器硅壁投入江水中。

李冰的举动使蜀地百姓清楚地意识到这位郡接受了蜀文化，尊重蜀地传统习俗。李冰在蜀人的心目中由一位外来统治者，或者说是秦人以其武力，文化统治蜀地的代表，转变成了蜀人乐于接受的、可亲可敬的领袖人物。

对秦人入主蜀地，李冰用古蜀文化中所奉行的阴阳五行学说进行了一番变通的解释。阴阳五行学论中有五行相生的观点：朝代变化，政权转诡，是气运的转变；前一朝的气数当尽时，后一朝的气数便自然承接。于是，李冰依五行循环的观点解释了蜀为秦灭这一历史发展的必然结果——气数上的合理承接，这就为秦统治蜀地找到了一种宜为蜀人所接受的理论依据。文献资料表明，在后来李冰治蜀的几十年中，李冰所领导的一系列经济建设活动，都得到蜀地各族百姓的积极响应，而以李冰为代表的秦在蜀地的政权，也得到了百姓的拥护。毫无疑问，这一切，都是和李冰积极适应蜀文化习俗密切相关的。

李冰到任初期的一系列举措，赢得了人心，凝聚了力量。至此，李冰成功地完成了蜀郡由初期秦人武力统治的特定阶段向经济建设阶段的历史性转变，为日后蜀地经济建设活动打下了牢固的基础。

叩响"天府"之门

李冰在争取民心的同时，对古蜀先人，特别是开明帝治水的成功与缺陷经验，进行了一番细致的总结，从而对治理蜀地水利有了一个整体性的认识。

李冰认为，早先开明帝在治水时已经认识到岷江是对蜀地平原地区影响最大的河流，所以，开明帝把治水的重点放在了岷江，着重治理岷江穿平原东去的出口金堂峡谷，以及流经平原的河道，其著名的"东别为沱"水利工程就是这一思想的具体表现。开明帝的治水活动虽然取得相当大的成效，但由于没有解决好理水、束水问题，所以开明王朝修建的水利设施无法承受较大洪水的冲击，水灾不时发生的被动局面没能得到根本改观。从实质上剖析，开明帝治水只是单纯对流入平原的局部河段进行了治理，而没有对河流采取整体化的综合整治，尤其是缺少对流入平原河流的控制手段。因此，李冰认识到理水、束水是治理蜀地水利事业的关键环节，是总体之纲，纲举才能相目张。

　　于是，李冰下决心首先解决控制岷江进入平原水流这一当务之急。

　　为制定详细科学的治水方案，李冰认为首先应"因水为师"，即了解掌握水流运动规律，对平原地区及岷江流域的地理状况有一个全面客观的了解。李冰领着儿子二郎及众部属，在当地向导的指导下，访高山大川，探丛林峡谷，认真对山形水势做了实地勘测。

　　考察过程中，李冰发现，成都平原的地势有如一个三角形，以灌县为顶点，以金堂、成都、新津一线为底端，地面从西北向东南倾斜，河流均从西北灌县一带流入平原地区，在平原的东南，龙泉山脉屏风一样挡住河流的去路，众多的河流只有三个出口可流出平原，它们是：东头的沱江金堂峡谷、西面的岷江新津河谷和中间的府河华阳河谷。

从现代地理学角度来看，实际上成都平原是由岷江、沱江及其支流的洪积冲积扇连接而成的。它的具体形状是个大菱形，西北的灌县（今都江堰市）到东南的成都是其短轴，长约40—70千米；东北的绵竹到西南的邛崃是它的长轴，长约120—180千米。成都平原的面积为8200平方千米，地面自西北向东南倾斜，地面坡降度为3%—6%。战国末期，李冰等人对成都平原及有关河流的认识，在当时的科学技术水平下，不可能很精确，但他们力求严谨的科学态度和求实探索的科学精神，以及他们所取得的成就，已是难能可贵的了。

李冰同时发现，在成都平原地区，除少数丘陵外，别无大的起伏，坡度由西北向西南逐渐下降，引水灌溉，至为便利。这一发现，进一步激发出李冰的治水热情，他的思路随之开阔。治理水害，兴修水利，河流便可以化害为利，为人所用，这对于蜀地的经济发展是大有益处。

最后，李冰一行人来到灌县，这里也就是前文所说李冰设立三祠的地方。李冰见到这里岷江峡谷中山岩壁立，仿佛是一扇巨大的门户，他心际灵光一现，豁然开朗，不由击节赞叹道：这真是一道"天彭阙（门）"啊！

　　李冰想道，他们先前所走过的平原地区，地面水网纵横，千百年来，河道迁移无定，变幻无穷，其重要原因是平原上的河流，没有像上游河流那样受到峡谷石壁的约束。如果在重要水道的关键部位设置一道束水口门，就能使河流顺着故道朝着人们所控制的方向奔淌，而不致四下横流了。

　　李冰进一步思索道，灌县这里，正是岷江从山谷奔流到平原的转折点，也是平原顶端的制高点。如果在这里设置一道束水的关口，就能有力地控制住岷江流进平原的水势及方向。岷江若要稳定下来，治理蜀地水患的诸多问题，就会迎刃而解。眼前高耸壁立的峡谷，特别是那座矗立江中的玉垒山，真可谓上苍赐给蜀人的天然石门啊！渐渐地，李冰的脑海中构思出一套详细的水利工程方案。

　　依据山形水势，李冰计划在湔水汇入岷江河口处的下游，修筑一座大"埛"。埛，是蜀土语，是指一种不封闭的人字形拦河低坝。在埛的两侧与岸边之间各留一个口门，以供引水之用。埛的中心部分，筑成鱼嘴形状，迎着上游水势，劈分水流；同时，沿着两边江岸，各开设一条新的水道，在它们的关键部位，即在玉垒山处，用人力开设一道石门，用来控制水流。这一设计方案，就是当时被人们称作"湔埛堰"水利工程的设计蓝图，也就是后来闻名中外的都江堰渠首工程的雏形。

　　据考证，"湔水"，即今天的白沙河，而"湔埛"

便是因靠近湔水面得其名。堋的具体位置，在今都江堰鱼嘴上游大约800米的地方。当时，堋起着导水和溢流的作用，相当于现在所涉及的金刚堤和飞沙堰。东岸的引水道当时称作"北边"，即今天的内江，它延伸到玉垒山下离堆处的宝瓶口，在宝瓶口内分郫、检二江，即今天的柏条河和走马河，这两条用于灌溉和通航的干渠，下穿成都而去。西岸的引水道当时称作"羊摩江"，即今天的外江水系中的羊马河。而岷江下游的河道当时用于排洪道，即今天的正南江。

李冰的设计方案有两个十分精彩的环节。

其一，李冰所设计的排洪道，和前人开明帝的设计相反，它被放在西边的"羊摩江"即外江河道上，而不是外在东边的"北江"即内江河道上。这样改变的优点在于，外江与内江相比，不仅河床宽阔，而且河道顺直，利于大股洪水通过，用作泄洪道，是很合理，也极为科学的。

其二，李冰计划开凿离堆而成宝瓶口，利用其坚硬的石质和优越的地理位置，在内江口上设置一座人造的"天彭阙（门）"，从而令岷江这匹从无羁绊的野马，在进入平原地区之前，到这里戴上一个笼头，人为地约束它的野性。这一设计，将使平原地区从根本上摆脱水患的困扰，化水害为水利的设想有了成为现实的保证。

有了很好的设计方案，李冰心里并不轻松。他非常清楚地意识到，这一计划的实施，建设工程量是空前巨大的。为使蜀地百姓接受他的治水方案，单凭科学的设计是不行的。因为在当时科学水平还很低，在人们的心目中，江水是由冥冥之中的神来管束的，它可怕的力量，是人力难以抗衡的。所以，首先要打破长期束缚于人们的畏惧心态。对此，李冰巧妙地借助了宗教的影响，在主持了一系列的祠神、祠宗的祭曲活动之后，在人们心中他已具有神所赋予的力量与智慧。当李冰对蜀人佯称，他得到了神示，上苍为他治水，特赐"天彭阙"时，人们自然也就相信了。于是，李冰通过科学考察、论证，精心设计的治水方案，经他用宗教色彩一番巧布之后，顺利地得到了蜀地百姓的认可。

李冰的治水方案能为蜀人接受，除了上述李冰借助神灵进行渲染的因素外，重要的原因还在于他的设计方案突出体现了古蜀文化的特点。

蜀文化中所奉行的阴阳五行学说主旨在于世间万物，各有阴阳，彼此相克相生，互相依赖，缺一不可。其中特别强调在天、地、人之间寻求和谐统一。在今天看来，阴阳五行学说带有很浓的迷信色彩。但在当时，这一学说还是具有一定科学性的，它能科学、辩证地阐释世间的变化规律。在一定历史时期内，作为一种先进的科学思想，一定程度上指导了人们的实践活动。

李冰接受了当时这一先进的思想，在设计方案中突出了整体工程各部分的和谐统一关系，突出了鱼嘴、堋（即飞沙堰）、宝瓶口相互配合作用而共同达到的理想的治水效果，从而在都江堰的设计思想上形成了因地制宜、顺从自然、化水害为水利的天、地、人和谐统一的独特风格，从此开创了中国古代水利史上新的篇章。

李冰通过对古蜀文化的研究，从中汲取了大量有益的内容，加之他所具备的中原文化的深厚底蕴，使他自身完成了蜀、汉文化的融合。他在对蜀地奉行的阴阳五行学说的扬弃过程中，领悟到了其中尊重自然、顺从自然规律及"天、地、人合一"等具有科学性的思想内涵，此后，他用所形成的、先进的、科学的世界观，指导了蜀地经济建设的实践活动。从他的治水设计方案可以看出，他并不是一味地附会迎合蜀地宗教习俗，而是在实地考察、科学设计的基础上，将设计方案结合蜀文化中科学合理的观点，赋予都江堰水利工程以蜀文化的特征，从而使设计方案易于让蜀人理解和接受，最终将蜀地百姓巧妙地引导到经济建设活动中来。

李冰的治水计划，给蜀地带来了经济振兴的新希望。李冰以他杰出的才智、卓越的领导艺术，带领蜀地百姓，叩响了那扇千百年来默默关闭着的"天府之国"的大门！

治水前奏曲

降服孽龙

　　传说就在李冰筹划兴建"湔堋"工程的时候，岷江上突生变故。不久前还是宁静的江水，一时间忽然暴涨，吞没了江边方圆百十里的地方。

　　李冰等人闻讯，急忙赶至江边，站在玉垒山上居高远望，只见远处江面之上，突地腾起一团团数米高的浪头，不时拍向两岸，淹没田畴，冲倒房屋，拔起树木，撼动山石。那波涛所发出隆隆之声，惊天动地，令人胆战心惊！李冰发觉浪峰丛中隐约有一怪物，仿佛蛟龙一般，时起时伏，推波助澜。李冰马上命人去打探究竟。

　　当地的一位老丈走上前来，向郡守李冰讲述了一段悲凉的往事。

很久以前，灌县乡下住着一户姓聂的贫苦人家，家中只有母子二人相依为命。儿子是个有名的孝子，为赡养老母，每日以打柴草卖钱维持生计 。聂氏的孝行感动了神灵，特赐给他一丛茂盛的青草。这丛青草很是奇特，每日割毕，立时复生，郁郁葱葱，鲜嫩无比。聂氏十分惊奇，便挖开了草下的泥土，结果发现了一颗大大的宝珠。他喜出望外，忙把珠子捧回家交给母亲，母子二人欣赏了一阵，便把宝珠放在盛米的箱子里。不料，第二天醒来时，米箱中原本浅浅的一层米却变得满满当当的了。母子二人这才觉出宝珠的神奇妙用，忙把宝珠取出，放到盛钱的柜中，不一会儿，钱柜里也变得满满都是钱。从此，聂家变得富裕起来。

邻人见到聂家几日之间便发达起来，很是眼红，悄悄打探到了其中的奥秘。于是，一些心怀叵测之徒来到聂家，缠着聂家母子要观赏这神奇的宝珠。心地淳厚的聂家母子便把珠子拿了出来。这些奸徒一见宝物，便蜂拥抢夺。

聂家儿子见状非常害怕，忙把珠子藏在口中。不曾想，这珠子竟滴溜溜地滚入肚子里去了。少许，他就觉得口干舌燥，急忙跑到水缸前，咕嘟嘟一阵猛喝。谁知一连喝光了几缸水仍不能解渴，他赶快冲出人群，径直向江边跑去。

聂母见了急忙在后面追赶，当她赶至江边时，只见不远处正伏着一人在狂饮岷江水，正是儿子。

聂母正要上前呼唤儿子，却发觉儿子的身子变化了许多。原来那颗宝珠在江水的作用下，开始发挥出它神奇的力量，把她的儿子化成了一条蛟龙。聂母大惊失色，疾步上前拉住儿子，但他除了一只脚外，全身上下已经化作龙形了。聂母死死抓住儿子，悲痛欲绝，放声痛哭道：我苦命的孩儿，你将来定是条孽（聂）龙啊！

人已化成龙身，自然是不能待在陆地上了。孽龙忍痛抛下慈爱的老母，驾起波浪，顺江而下了。

江畔的母亲，声声呼唤着心爱的儿子。江水中的孽龙，亦是难舍难分。它眼含热泪，不时停下身来，频频回首凝望岸边的老母。每一停顿，停身处便化成一座大滩，回首二十四回，身后的江中便留下二十四座大滩，仿佛是孽龙洒下的串串热泪。从此，江中便留下了后人称作二十回望娘滩的奇特景观。

儿子离去了，聂母也在悲痛中去世了。化成孽龙的聂家儿子，深恨那些造成他们母子骨肉分离的奸徒。从此，他经常回到家乡来兴风作浪，发动洪水来报仇。

李冰听后，心中万分惆怅，贫困使多少人家发生了这样的悲剧啊！同时，他也深深感受到，作为一个地方行政官，他应该领导人们发展生产，繁荣经济，让百姓能安居乐业。于是，他领着儿子二郎等人来到出事地点，对着仍在水中兴风作浪的孽龙大声喊道：孽龙！你的不幸遭遇我很同情，但是你的仇人现在都死光了，请你不要再兴水患来伤害乡亲！

但孽龙积恨已久，性格偏激，执意报复，对李冰的劝告毫不理会，反而更加嚣张，掀起巨浪，劈头盖脸地向李冰等人袭来。

李冰被迫应战。他拔出宝剑，闯入波涛之中，与孽龙搏斗起来。刹那间，大江上波涛翻滚，浪花四溅。孽龙张牙舞爪，鼓动着冲天巨浪向李冰扑打，李冰勇猛迎击，拼死搏斗。直杀得天昏地暗，山河失色！

渐渐地，李冰感到体力不支了，难以招架孽龙凶猛的攻打。岸上的二郎见状，忙下水助战。

李冰见二郎来助，顿觉精神大振，勇气倍增。父子二人前后左右，围着孽龙一阵猛打疾攻。孽龙适才眼见得手，正在得意之中，不料生力军突然杀到，一下子慌了手脚，一时首尾难顾。李冰父子挥舞宝剑，气势如虹，杀得孽龙须断爪折，遍体鳞伤。孽龙见势不妙，夺路而逃。李冰父子提剑在后紧追。

那孽龙果然好生了得！虽已负伤，身手仍旧迅捷无比。但见它几下纵跃，便把李冰父子远远抛在身后，不多时，就逃得无影无踪了。孽龙猛跑了好一阵子，听到身后没了动静，回头一看，已看不到李冰父子的身影，这才长出一口浊气，心中暗自庆幸。

这时，阵阵饭菜香味顺风飘了过来，孽龙猛一抬头，发现前面不远处的岸边上，有一家"王记"面摊，一位白发老妇正在卖着各色面食。孽龙一下子感到了疲乏和饥饿，它几下子蹿到面摊前，抓起一碗碗面条就往口里倒。那卖面老妇微笑着未开口，顷刻间，孽龙已是七八碗面下肚了。

孽龙饥火稍平，正想细细琢磨一下面的味道，不料腹中一阵绞痛。它立时发觉不对，大叫一声，转身想逃。不料嘴一张，刚吃下去的面条一股脑儿夺口而出，化作一条条铁链，一下子把它缠住，七绕八绕，把孽龙捆了个结结实实，再也动弹不得。再瞧那面摊，早已化成一团瑞彩祥云，云间莲花宝座，上面端然站着观世音菩萨。原来观音菩萨看见灌县黎民久受孽龙祸害，大发慈悲之心，下凡来助李冰父子擒拿孽龙。

不多时，李冰父子赶到，观音菩萨已驾起祥云，飘然而去。

李冰念孽龙身世不幸，不忍杀害，只把它锁回灌县，在玉垒山下择一深潭，将孽龙收押潭中。打这以后，灌县一带，不复有这孽龙作怪了。以后，人们在深潭边修了一座庙，这便是今天离堆山上的伏龙观。

怒诛江神

很久以来，蜀地流传着这样的风俗，每年雨季将至时，蜀地上下都要举行祭祀江神的活动。在供奉江神的诸多祭品中，要有两名被选出的美貌女子，作为替江神聘娶的夫人，在祭典仪式上被投入江中与江神"完婚"。这一残酷的陋习，不仅要耗费百姓们的无数钱财，还要无端葬送许多少女的性命。而每逢祭典来临，贪官污吏更是趁机大发横财，榨取民脂民膏，中饱私囊，百姓自是苦不堪言。

对此陋习，李冰深恶痛绝。对于威力无比的"江神"，他也是深怀敬畏之心，自觉奈何不得。但作为一位体恤百姓疾苦的父母官，他决心要会一会江神，替民请命，讨还公道。

这一年，又到了为江神举行祭典的时候，地方官吏为此特来拜见郡守李冰，说今年将筹集钱财百万，为江神选聘女子。李冰听罢，对众官吏说道：蜀地连年水灾，百姓实是劳苦，百万钱财叫他们如何拿得出？强向百姓人家选聘女子，致令人家骨肉分离，实是不妥。我身为蜀郡守，理应与百姓福祸与共，我有一女，愿献与江神为妻。不必再为此向百姓收钱敛财，征选女子了。

到了嫁女这一天，李冰早早起来，吩咐家人为爱女送行。父女诀别，自是凄楚。李冰对长久以来那些被迫向江神献出女孩的人家所受的痛苦，有了更深的感受。他感慨万千，决心要竭尽自己的努力，使蜀地百姓不再受这样的磨难。

祭祀仪式开始了，李冰强自按捺心中的激动，带着人们来到江边的江神庙。李冰走到神案前，代表百姓宣读了祭文，他恳请江神悲天悯人，看在百姓们的一片诚心上，不要再兴水患。然后，他虔诚地把斟满两杯酒，一杯供在神案上，一杯由自己一饮而尽。他恭敬地肃立，等候着江神来显灵。

等了许久，供在神案上的酒丝毫未动。强烈的反抗意识使李冰积久的愤怒终于爆发了！他指着神像怒斥道：江神！这就是你的不是了。多少年来蜀地百姓世世代代供奉你，人们为你献出了无数的钱财和亲人的生命，其诚心可感苍天。而你却丝毫不为所动，反而屡兴恶水，肆虐苍生。今天，我们再将谦恭地祭祀你，你却弃而不顾，是何道理！此番我李冰要代表蜀郡百姓，向你讨个公道！

人们听到郡守如此大胆、激愤地申斥江神，无不骇然失色。等他们惊恐地抬眼望去，神案前早已不见了李冰的身影。

这时，江中响起了一阵阵震天的吼声。人们急忙跑到江边，但见江里怒涛翻滚，水雾弥漫，波涛中正进行着一场激烈的搏斗。只见一条蛟龙和一头青牛厮打在一处，杀得难分难解。那蛟龙上下翻滚，俯仰腾挪，不时带起滔天巨浪，向青牛直压下来。而那头青牛，却显得毫不畏惧，它前冲后撞，左踢右蹬，吼叫着向蛟龙撞击。相持多时，难分胜负。突然，蛟龙一头扎入水中，逃遁而去。

人们正在惊疑不定，却见李冰气喘吁吁地走上岸来，他神情疲惫，对百姓说道：刚才我化作青牛同江神大战了一场，未能分出胜负。我料定江神今日不能胜我，明日必化成牛来同我交战。我请诸君明日来此助战，我誓要诛此凶神。

第二日，李冰带众人来到江边，他对着江水大声讨战。不一会儿，浪花飞溅，知是江神到了，李冰也一下子跃入水中。

过了一会儿，众人听见对岸杀声震天，急忙跑到高处观望。只见对岸有一白一青两头牛正在角斗，它们横冲直撞，往来穿梭，众人直看得眼花缭乱。

少顷，李冰跑了回来。他满脸是汗，须发散乱，呼呼直喘，他对二郎及众部下说：刚才在对岸角斗的两头牛便是我和江神的化身，我快支持不住了，请诸位助我一臂之力。诸位请看仔细，等会儿有一条青牛，身上缠着一束绶带，占据南面的地势，那就是我的化身了。你们向白牛射箭即可。说完，李冰身形一晃，又不见了。

人们马上按照李冰的吩咐，弯弓搭箭，瞄准对岸的白牛，弓弦响处，万箭齐发，白牛倒地，青牛乘势一阵猛攻，终于将化身白牛的江神击杀。随着白牛一声弱似一声的哀鸣，翻滚咆哮的江水也渐渐平息下来。

好一阵子，人们才从极度紧张之中缓过神来，随即爆发出一阵经久不息的欢呼，人们为郡守替他们除了一大害而兴奋不已。激动的人群围在李冰身边，纷纷表示坚决拥护郡守制定的治水计划。人们摩拳擦掌，准备随李冰大干一场。

　　打这以后，为江神娶妻的陋习不复存在了，取而代之的是每年一度的斗牛盛会。蜀中健儿们赤裸着强壮的上身，腰间缠着长长的束带，捉对儿互相搏击。人们以此宣泄出生活的激情表达他们对勇武健美的崇尚，同时也表达了人们对造福蜀地的先辈李冰的深切怀念。直至现在，蜀地百姓在为孩子起名时，亦多呼"冰儿"，其意在于期望孩子长大成人后能像李冰那样，为国为民，建功立业。

　　事实上，李冰在修筑都江堰之前确实也举行了类似于誓师大会似的祭典，他代表百姓祈求神灵保佑，并诛杀了征象恶神的祭物，以此寄期望治水计划能顺利实现。后来，由于李冰对蜀地所做出的杰出贡献，他本人为蜀人逐渐神化，而他的一生经历，也为人们附会上一层宗教神秘色彩。但我们至今从这些传说中仍能感受到李冰那种不向恶势力低头，勇于抗争的顽强精神。这两则传说，仅仅是围绕李冰修建都江堰水利工程前后的众多传说中的一部分，姑且权作李冰治水篇章的前奏曲罢。

用壅江作堋

东晋常璩《华阳国志·蜀志》记载："周灭后，秦孝文王以李冰为蜀守……冰乃壅江作堋。"《水经注·江水》亦记叙："江水又历都安县……李冰作大堰于此，壅江作堋，堋有左右口，谓之湔堋。"

壅：壅塞，指向江水中填砌土石；江：指岷江；堋：蜀地土语，指分水、堵水灌溉的堤坝，一般是不封闭的人字形构造。文献中提到的"壅江作堋"，是指李冰主持设计、修建的"湔堋"水利工程，即今天的都江堰渠首工程。以后，李冰又开设修建了配套的灌溉网络，这就是现在的都江堰灌区工程，这两部分构成了都江堰水利工程的整体。

前文在叙述李冰湔堋工程的设计蓝图时曾经介绍过，

这一工程由三部分组成：一是开凿玉垒山，在岷江上设置一道引水口门——即"天彭阙"，后来人们把这引水口门称作"宝瓶口"；二是修建鱼嘴，这一人字形建筑用来劈分水流；三便是作埂，建拦河低坝。这三部分有机地组合成一体，相辅相成，从而保证都江堰渠首工程设施得以长期正常运转，收到良好的防洪、引水的功效。

李冰是在继承、借鉴前人治水经验的基础上设计修建都江堰的。古蜀人民世代同岷江作斗争，积累了大量的宝贵经验。开明一世主持兴修的著名的"东别为沱"水利工程分岷江水入沱江，使平原地区水患有所减轻，但是由于这项引水工程的渠首位置选择不合理，所以未能根治岷江水害。我国古代的引水工程历来都是自流式，它要求渠道有一定的坡降。在成都平原地区引水，一定要在平原最高的顶端开设引水口门，这样才能顺畅自流。但开明一世治水时，违背了这一规律，将引水口门设在灌县城南十里处。这样一来，渠道只好由西向东横穿岷江冲积扇的脊梁，从而造成了河道淤浅，水流受阻。李冰吸取了这一教训，决定将引水口上移到灌县玉垒关下，这里正是冲积扇的顶部，总渠道沿着冲积扇脊部顺行，从而获得最大坡降。这样，不仅引水量大，水流通畅，而且可以把成都平原地区原有的天然水网自然地联结起来，形成四通八达的渠道网络，使渠首设施与灌区设施有机配合。

设计方案既定，民众人心已齐，李冰把握时机，及时组建治水大军，浩浩荡荡地开到玉垒山下，向千百年来难以驯服的岷江宣战。

开凿宝瓶口

灌县城西，北西两面的玉垒山，属白垩纪砾岩，石质坚硬，且多呈平坝状，层叠而上，形如堡垒，故有玉垒之名。岷江水流至此，遭遇玉垒关阻挡，水流折回向南方而后东流。李冰利用这一有利地形，顺应河势，开凿引水口，这样既可以形成控制洪水的固定河槽，又能由此高处向低处平原地区引水分流。

玉垒山起自白沙河，伴随岷江蜿蜒而卧，至玉垒关时忽向江中支出，在河道中耸起一道宽大厚实的屏障，李冰的"天彭阙"便设在玉垒关与离堆山之间，人称宝瓶口。

所谓离堆，清代学者刘源在其《内江外江考》一文中如是解释："山足支出为陵，与山若不相属曰堆。"意思是讲，脱离大山的小丘，可以称作离堆。

经专家考察，在现今的四川省境内，这种离堆有11个之多。其中同李冰治蜀有关的，一处是在乐山脚下，岷江河道上的乌尤山（古名 崖）；另一处就是玉垒关下修宝瓶时所形成的离堆山。

开凿宝瓶口的战斗在玉垒关下全面展开了，一时间，山上山下叮叮当当，响起一片斧凿之声，好不热闹。但大家苦干了几天之后，就遇到了难题。原来，玉垒山的虎头岩，石质十分坚硬，人们使足全身气力向岩石砸下去，叮当一声，两手震得生疼，而岩石上只留下一道浅浅的凿痕。一连几天下来，人累得够呛，工具损坏了一大堆，岩石却没有啃下来多少。

李冰所处的年代，正值人类从青铜器时代向铁器时代过渡的时期。那时的生产工具虽然比开明帝治水时所用的木器、石器、铜器要先进得多，但是在如此艰巨的开山施工过程中，还是显得力不从心。虽然李冰先前增调了大批工程工具以备施工之用，但实际所遇到的困难还是远远超出了他的预料，这不由令他焦急万分。

夜幕降临，江边燃起了一堆堆篝火。人们大都带着浑身的疲倦早早入睡了。篝火边，只静坐着一些人在谈论白天施工的情形。劳顿了一天的李冰，此刻难以入睡，他信步走到江边。

这时，一位老者走到他身边，问他是否在为施工中工具难以开凿坚硬的岩石而发愁。李冰点头称是。并说自己已经苦苦琢磨了许久，但仍未找到良策。

老人向李冰献策：用火攻。具体方法是用火来烤岩石，等石头发烫之后，再浇冷水激淬，如此骤热骤冷，岩石各部位受热程度不一，必然产生爆裂。这样一来，再用工具开凿就会省许多力气。

李冰闻言，精神为之一振，沉思片刻，便召集部众商议老者的建议。大家都觉得这个方法很妙，主张应试一试。

第二天一大早，李冰便带领几十个健壮的小伙子，拿着工具来到玉垒山下。他选择了一块上面有天然缝隙的巨石，下令从这里着手开凿。几十个人一阵叮当猛凿，把巨石上的那条缝隙凿深、加宽，然后在大缝中填满柴草，点火烧起来。不多时，巨石便被烧得滚烫。李冰见火候已足，大手一挥，旁边待命的人们纷纷将手里拎着的冷水向巨石泼去。阵阵水汽起处，只听得劈啪之声不绝于耳。待雾气散尽，人们惊喜地发现，巨石上裂开一条条的大缝，有几处岩石干脆崩落下来！小伙子们跃上前去，一阵锤击斧斫，不一会儿，便把几块大石头凿了下来。

成功了！人们欢呼雀跃着，李冰长长地舒了口气。

不待李冰吩咐，人们便纷纷采用这种新的技术大干起来，工作效率明显提高，工程进度也大大加快了。

经过近百个日夜的艰苦奋战，终于凿开了这座顽石离堆，"天彭阙"终于打开，这预示着离"天府之国"大门开启的时候已不遥远了！

经后人统计表明，当时的工程量十分浩大，宝瓶口长约40米，平均宽约25米，平均挖深约17米，开挖石方约1.7万立方米，计需8.5万个劳动工日。不妨设想一下，在当时铁器、青铜器作为主要生产工具的时代，要完成如此规模浩大的工程，是多么不易！而在施工过程中，李冰和工匠们勇于探索，创造出许多新技术，这就更是难能可贵了。

实践证明，引水口的选址是否得当，直接关系到引水工程的成败。我国古代一些大型引水工程，如位于今宁夏境内的秦渠和汉渠，后来都未能发挥出理想的效果，其主要原因就是引水口易遭破坏。都江堰古堰之所以能历经几千年而不衰败，原因主要就在宝瓶口选址合理，修建科学。

宝瓶口建成后，在成都平原的顶端，岷江的转折点上，人为地给江水加上一道强有力的控制机关。岷江在此分为两路，一路经"天彭阙"缓缓流入平原地区（即内江），另一路仍沿旧河故道前行，但水流比以前有明显减缓。

首战告捷！

对于激动人心的欢庆场面，李冰始终保持着清醒的头脑。他深知，仅凭宝瓶口一道关卡还不足以彻底制服凶悍的岷江，"天彭阙"再牢固也不能独立抗击洪水袭击，必须有相应的配套设施，协同完成防洪、引水任务。

于是，李冰又带领这支得胜之师沿江而上，投入湔堰工程的第二大战役——壅江作堋。

修建鱼嘴分水堰

李冰在完成了宝瓶口引水工程后，取得了湔堋水利工程的第一个重大胜利。宝瓶口通流引水后，人们发现，当上游水位高的时候，分入宝瓶口的水流量反而不大，这样，宝瓶口为平原下游的引水作用也就发挥得不尽如人意。这是什么原因呢？

李冰等人在仔细分析了这一带的地势水情后认为，根据原来实地考察勘测的结果可知，宝瓶口所处的地势较高，岷江水不易上达，所以依然循旧道流淌。因此，要充分发挥宝瓶口的引水功能，就必须强制性分流。就这引出了下一个任务：作堋（筑堰）分流。

李冰作堋的具体计划如下：

在堋水（即白沙河）汇入岷江的河口下游不远处，选定一适当河段，在江心修筑一座鱼嘴形建筑，用来劈分岷江水流。这一设施，被人们称作"鱼嘴"。然后，在鱼嘴尾部"作堋"。堋体两侧各自开挖一条新的水道。于是，岷江经鱼嘴劈开后便分成两股水流：其中一股水流沿堋体东侧河道，流入宝瓶口，引入平原地区；另一股水流则沿堋体西侧河道，绕离堆山西侧而过，直下而抵新津。这便是湔堋水利工程的第二个重要组成部分，也就是后来人们所称的"鱼嘴分水堤"工程。

鱼嘴的位置在历史上多次变动，李冰所建的鱼嘴大约在今鱼嘴上游的韩家坝洲头上端。

韩家坝是位于白沙河汇入岷江河口下的江中之洲，它的形成与岷江和白沙河下冲水势有着直接的关系。白沙河自东北方向汇入岷江，其水流直冲西南水西关岸，其所挟带沙石向下沉积、聚积右岸；而岷江水流自西南冲下，将白沙河沉积物与右岸冲开移向江中，岷江自身的沉积物与之汇合，以卓立江中的马角沱为依托，打下基础，终于造就出了沙洲韩家坝。

李冰在设计鱼嘴分水堤工程时，一眼看出了韩家坝所具的优越地理条件：坚固的基础和天然的分水功能。他因地制宜，充分利用了这一自然条件，将分水鱼嘴设置在韩家坝上游的顶部，从而收到事半功倍的奇效。如此安排，鱼嘴分水堤充分发挥出坡度和水脉的优势，轻松地将岷江分成内江、外江二股水流。

鱼嘴是以卵石堆砌而成的，顶端呈圆锥形，深埋入江底，水面外露部分呈鱼嘴形。鱼嘴后面，便是大堋。史料记载：鱼嘴分水堤全长约800米，前端宽约3米，中部宽40—50米，最高处高出水面约40米。

鱼嘴除了分水、引水功能外，还有一定的排沙功能。说到这一功能，大家也许挺奇怪，鱼嘴怎么能排沙呢？这又得提鱼嘴所处的地理位置了。大家已经知道，鱼嘴上游，是岷江和白沙河的汇合处。岷江水流挟带着大量沙石从西北方向冲下，当即遇到来自东北方向的白沙河水流的冲击。由于白沙河水势较小，被岷江水流压制在下层，故岷江水流下层中的沙石被白沙河水冲到鱼嘴西侧的外江中，而上层水流则直入鱼嘴东侧的内江。所以，鱼嘴引水堤有了"正面取水"，"侧面排沙"的神奇功能。

这里需要特别指出的是：鱼嘴分水堤是一种无坝分水、引水堤。这一建筑形式和其水利原理，与古代中原治水中所采用的拦河筑坝，建护堤等建筑迥然相异。这是古蜀人民在长期治水实践活动中逐渐形成的一种独特的水中之堤，是古蜀文化在水利科学中的结晶之一。说到它的无坝分水功能，缘于鱼嘴所设置的合理位置和因地制宜、因势利导的整体设计思想，这自然与李冰"识齐水脉"——具有很强的水利地理专业技能及其勤于实践密切相关。而这种独特建筑形式的采用，则是李冰善于吸收古蜀科技文明精华的又一具体表现。它的引水功能，一是宝瓶口、鱼嘴分水堤一线渠首工程设施的地理位置高，本身有利于引水自流灌溉；二是利用了"壅水"的原理，当内江流量大到一定程度时，由于宝瓶口通道狭窄，水流一时不能完全通过，于是形成自然螺旋形回流，水位逐渐增高，水势也逐渐增大，这就是所谓的"壅水"现象。高水位、大水势，当然更利于下游灌区的引水了。鱼嘴这种水利建筑方式，在古蜀，特别是川西坝地区，应用十分普遍。

筑飞沙堰

飞沙堰，是李冰湔堋工程三大组成部分中的一个重要部分。李冰时代的飞沙堰的具体位置，与今天飞沙堰的位置也有所不同，但也是着鱼嘴分水堤的尾部，下端距宝瓶口约有200米左右。飞沙堰的主要功能是为内江河道泄洪和排沙。

飞沙堰的泄洪功能：飞沙堰的高度是人们经过反复观察设定出的（这一点，后文有详细说明）。在宝瓶口处不得通过的多余的水，就漫过飞沙堰，排泄到另一侧的外江河道中，每年夏秋之季，即雨季洪水到来之时，岷江冲入内江的水流量，远远大于宝瓶口所能通过的水流量。这时，飞沙堰的泄洪功能就明显地表现出来。据人们观测，内江流量越大，飞沙堰的泄洪功能就越强。尤其是遇到特大的洪水时，内江总流量为宝瓶口流量的四倍。这就是说，有3/4的水量由飞沙堰泄出！于是，平原地区就能免遭或减轻洪水的祸害。当冬春之季岷江水流量小时，内江水位低于飞沙堰的高度，这时的飞沙堰就不是在泄洪了，而是归束内江水流入宝瓶口，进入平原地区，以供灌溉航运之用。

飞沙堰的排沙功能，前面提到过宝瓶口处的"壅水"现象，水势越大，壅水越高，螺旋形回流越强。回旋形水流卷着沙石，从飞沙堰"飞"出，翻滚到外江，从而保障了内江河道不至淤塞，使平原地区免遭灭顶之灾。

智者造物

与开凿宝瓶口时一样，在作堋、筑堰过程中，李冰他们遇到了许多预想不到的困难，其中最令他们头痛的是如何在江中砌筑石料。李冰他们所择筑鱼嘴，作堰处在江心，岷江水流湍急，虽然有韩家坝沙洲作依托，但坝顶的鱼嘴及坝后的飞沙堰在修筑时，硕大的卵石放入江中，霎时被江水冲走，根本无法堆砌。怎么办？李冰又一次发动大家，群策群力，想法子。不久，工程中出现的一系列困难被他们克服了，施工中，这些勤劳智慧的人们创造出一项项新的技术，他们研制出了杩槎、竹笼等施工器械和截流方式，发明了干砌卵石等施工工艺。李冰他们因地制宜，勤奋钻研出的这些技术成果，具有很强的实用性和科学性，而且独具浓厚的地方特色，其中有许多技术工艺，一直为后人沿用。

杩槎

杩槎的结构分为支架和拦水两部分，制作杩槎的原料都是就地取材，用木、竹、卵石，外加泥土制成。

支架部分，用竹绳（又叫牵藤）将三根木料捆绑成鼎足形状，称作"杩脚料"。古代木料多选用桤木、麻柳、青杠等硬质木，近代则多以极杉木替代。迎水一面两根杩脚所形成的面，称作"罩面"；背水一面的一根杩脚称作"箭木"（或称"箭头木"），本根杩脚料的上端称作"杩脑顶"；在杩脚料的1/2高度处加绑横木，人称"盘杠"，盘杠是用来固定三根杩脚料之间的角度的，并作为压盘的基座；盘杠上加绑一道横木（称"压盘木"）作成压盘。于压盘上放置"竹兜"（又叫"碗儿兜"），兜儿盛满卵石作为压重物，用来稳定杩槎，防止被水的浮力或冲击力所倾覆。

拦水部分：在杩槎的"罩面"前，依次安放檐梁、签子、花栏、棰笆、罩席，最后倒土石筑埂，虽逐层加密，以拦截水流。檐梁是罩面之间相互连接的横梁，俗称"顺木"，下面靠近河底的顺木叫"海底木"，上面高出水面的顺木叫"面子木"，与面平齐的一根顺木叫"浮水木"。檐梁外竖向排列的木棍叫"签子木"，檐梁和签子多选用杂木制成。紧贴签子的外侧放一层方眼竹篱，叫"花栏"。花栏外置一层"棰笆"，棰笆是用竹片制成的。捶笆外多放一层竹篾编成的小网眼的垫席。最后沿垫席外侧倒黏土筑埂，这样，罩面部分便足以挡住水流了。有时为了加强土埂的稳定性，避免沉陷或坍塌，人们在土埂内还掺加一定比例的卵石或石块。

为了不使檐梁受力过大，以致产生形变及断裂，人们又在杩槎背水的一面安设支撑木料，即"撑子"，俗称"驮子"。一般设置上下两排。上排撑子的支撑部位与上游水位平齐，下排撑子的支撑部位与下游水位平齐。撑子数量的多少，要视江水的水深和流速而定，一般多则五六根，少则两三根。

一个杩槎为"一栋"。当时人们在截流施工时，在内江河口放置了50余栋，在外江河口放置了50余栋。

杩槎的安装放置有一定的规范程序，经过历代沿革改进，日趋完善。它的拆除十分便捷，只需砍断杩脑顶上捆绑着的竹绳，再用大绳拉倒即可。同时，人们还可将拆除下的木料回收并泡在水中保存。这样，木料可多次使用，充分发挥其效益，十分经济实惠。

李冰他们采用杩槎截流的新技术，很快解决了截流筑堰的难题，从而使工程得以顺利进行。

李冰他们所发明的这种杩槎截流技术，能够快速完成断流、开流放水的任务，不久，李冰把这一技术，又运用了乌修时的截流上。事实证明，这一截流方法，挺适合于在像岷江这样坡陡流急，砂卵石河床的河流上使用。

后来，人们又用杩槎对河道进行部分封堵，从而达到分流和调节流量的目的；在汛期遇有堤坝决口需要抢险时，施放杩槎，进行快速堵漏；杩槎又被人们用来保护堤坝、桥闸，阻挡洪水对水利设施的直接冲击。此外，杩槎还可代替桥墩，在上面搭架临时用桥，既省工省时，还便于拆除，实惠经济。总而言之，杩槎有着许多的妙用。

笼石技术

"破竹为笼"，"以石实中，累而壅水"——《元和郡县图志》。

这句话意思是用竹子编成竹笼，里面装满卵石，用来壅水筑坝。这是李冰他们发明的又一项著名的水利工程技术。后来，这一技术被人们普遍推广到江南产竹的广大地区，一直为后人所沿用。特别值得一提的是在汉代初年黄河堵口中这一技术所发挥出的奇效。

那是在西汉成帝四年（前29）的时候，黄河大堤决口，一下子淹没了四郡32县，形势十分危急。

汉成帝闻讯大惊，当即命御史大夫尹忠火速前往堵口。尹忠迅速调集了大批人力和物资，夜以继日地强堵大堤缺口。不料水势凶猛，根本就堵不住。随着缺口越来越大，又有许多地方遭灾。尹忠恐成帝怪罪，无奈之下，只好自杀。尹忠虽死，但是滔滔洪水依然漫流不止，灾情日益严重。

消息传来，汉成帝直急得六神无主。他频频焚香祈祷，乞求天降贤才，为他消免灾祸。据说，当时有个江湖术士为汉成帝占了一卦，说卦上显示西南方有治水贤才。

一句话，提醒了惶惶然的汉成帝，西南方的千水之府蜀地，自古治水英才辈出，那里必有精于治水堵泄的能人。于是，他立即命人查访。

功夫不负有心人，钦差终于在今四川地区找到了一位治水的贤才，他就是王世延。汉成帝封他为"河堤使者"，总督堵泄工程。

土生土长在蜀地的王世延，深谙笼石技术的高妙真谛，在这次堵塞黄河大堤决口的工程中，他成功地运用了这一古法。他命人编织好长长的竹笼，笼里盛满石头号，分节用船装载，在大堤缺口的两端，同时投入水中，没有多久，缺口就被堵住了，人们在竹笼的基础上，迅速把大堤修补好。

险情消除，捷报传来，汉成帝大喜过望，当即颁下圣旨，将第二年的年号改为"河平"，以示庆贺；接着，又封王世延任光禄大夫，每月俸禄谷米两千石，赐爵"关内侯"赏金百斤……

其实，王世延之所以能在短期内建下奇功，并由此名扬海内，正是依赖祖辈们的恩泽。倘若没有李冰他们发明的这一笼石技术，恐怕王世延也只好步尹忠的后尘，自尽于黄河大堤之上了。由此可见，李冰他们的发明创造，对后世产生的影响是极为深远的。

笼石技术具有许多优点，主要体现在两个方面：

其一：竹笼原料就地取材，因地制宜，节省人力物力。李冰他们筑堰时所用的竹笼，是用坚韧的白甲竹编织而成的。当时，这种竹子在灌县以西的漩口一带山中遍地生长，每年由官府派工砍伐，水运至灌县。后来，编制竹笼的原料逐渐采用灌县盛产的慈竹替代，其质地虽不如白甲竹，但资源充足且价格低廉。编制竹笼的技术在灌县地区人多精通，且易于掌握，因此能及时、充足地满足工程的需求。

其二，笼石技术利用竹笼的坚韧特性，将分散的卵石聚集为一体，坚固、稳定，且能分而合一，具有灵活机动的优点。

在壅水作堋时，人们迎着水流方向放置竹笼，堆砌成前低后高，头尖尾宽的鱼嘴，在鱼嘴前又埋设了几道木桩，以此减缓水势和防止漂浮物撞击坝体。

干砌卵石

李冰他们创造的干砌卵石工艺所使用的原料，是岷江激流从上游冲下来的卵石，它遍布岷江的河床和河滩。因此，人们尽可就地取材量材使用。同时，实施这一工艺所奇妙要求的技术非常简单，一般当地百姓均可掌握。据人们统计，每干砌一立方米的卵石只需3个工作日。这项工艺的实施，使工效大大提高，且节省工料，工程费用大大降低，工期因此大幅缩短。

实践证明，以干砌卵石工艺筑堤护岸、建堰分流，只要保证施工的质量，就能起到极为显著的抗洪水冲刷的功效。同时，卵石质地坚硬，具有良好的抗压、耐磨性能，经现代测试结果表明，卵石的抗压强度为1000千克/平方厘米，耐磨、抗压性能比现代的混凝土还要强许多，这就保证了堤坝的坚固性能。此外，由于干砌卵石可使水从卵石缝中渗入地下，故而有助于边坡的稳定和回水利用。一个最能说明这一作用的事实就是在旱季宝瓶口断流后，下游灌区仍能有十条河流水源不枯！这就是因为高程水位的地下水，透过干砌卵石层，渗入下游河道的缘故。反之，若河道水位高于地下水位时，河道的水就可以透过干砌卵石层，渗入地下，从而减小水对渠道护面的压力。

李冰领着人们用杩槎和竹笼卵石，截流筑堰，经过日夜苦战，一个狭长的人工小岛，终于安卧在湍急的岷江河道中。接着，人们在大堋的东西两侧分别截流，开挖引水河道，这就是被后人称之为外江和内江的两条引水河道，当时人们把它称作"羊摩江"和"北江"。

至此，李冰等人精心筹划，组织兴建的湔堋水利工程基本完成，岷江，这条肆意横行了千万年的恶龙终于被人类降伏。

天府之国的明珠

潲堋水利工程竣工后，从根本上减轻了岷江对大堰称作"都安大堰"威胁。都安大堰有如天府之国王冠上的一颗明珠，镶嵌在成都平原的顶端，它与下游灌区干渠网一道，组成了举世闻名的、后人称作都江堰的水利工程的整体。

仔细分析这一工程的成功之处，人们不难发现，在设计上，设计者充分利用了岷江河道的地形条件和水利因素。

岷江在上游处，由山区进入平原边缘地带。这一河段河床宽约180米，左岸有白沙河自东北来汇，汇流后至鱼嘴前河床宽约350米，在这以下约800米的河道内，河床宽约500—700米。此间，江水主流在中槽，左面形成边

滩 "盐井滩"，右边则是沙洲韩家坝；再向下江身又缩至300米左右，江东为玉垒山，江西为郭家山坡，基岩显露。因此，在这里修建渠首枢纽水利工程设计，可收到水流归总，易统易分的效果，这也就是李冰所期望的理水，来水的水利功效。

渠首（都江堰渠首）工程设计的科学性，在实践的检验下日益明显地表现出来。随着岁月的流逝，许多与其同时代的建筑，在大自然的作用下或逐渐湮没无闻，或破损残缺，唯有这座经历了两千余年的古老都江堰，虽历经沧桑，却永葆青春活力，而且其水利功效发挥得愈来愈好，灌溉区域也越来越大，其中奥秘究竟何在呢？

在进一步剖析工程设计的各个环节时，人们体会出它的独到之处。渠首工程的三大主体设施，即鱼嘴、飞沙偃、宝瓶口，彼此有机地结合成一体，共同形成了十分显著的整体水利效果。

鱼嘴，像是一柄分水的宝剑，它在渠首顶端岷江江心处，把岷江劈分为二，两股水流各自顺内、外江河道下。由于其位置选择恰当，在分水的同时，可适当调节内外江分流的比例，从而适应灌溉引水与防洪两方面的需要。也正是由于其位置恰当，使外江发挥了显著的排沙作用。当岷江洪峰流量超过一定限度时，它前面的河心滩便被淹没，岷江主流便直冲外江。由于外江坡度大，河床宽阔，挟沙能力也就很强，故而被洪水冲下来的沙石，大都被江水中入外江水道，避免了内江因泥沙淤积而造成堵塞，以致妨碍防洪和灌溉。

飞沙堰，人们总是把它比作溢洪排沙的宝轮。它属于分水堤工程的一部分。分水堤历史上有三道溢洪设施：平水槽、飞沙堰、人字堤，其中以飞沙堰的溢洪排沙功能最显著，这道设施是在李冰设计的基础上完善或发展而来的。飞沙堰，至唐代已臻完善，时称"侍郎堰"，因其排沙效果好，后人便称之为"飞沙堰"。

飞沙堰的主要作用是溢洪和"飞沙"（排沙）。一般情况下，它的高度刚好保持在平时能分开内外江水流的程度，当水量大过宝瓶口的需求时，水流便从堰上溢出。它的排沙功能，前文已说过，是利用壅水时产生的强大的螺旋形回流的作用。其排沙方面最为让人惊叹的实例发生在1966年7月28日，当时正值岷江洪峰到来，洪水冲毁了二王庙处江岸浆砌卵石护堤，有三块巨大的砌石被水流卷走，通过宝轮作用，"飞"过飞沙堰，其中一块重逾两吨！由此可见飞沙堰飞沙能力之强。

宝瓶口是控制进入平原地区水流的宝门，它一是引水，供内江下游支渠灌溉、漂木、航运以及人们生产、生活用水；二是与其他设施一道，联合运转，杜防洪水，使平原地区免遭水灾。

纵鉴这三大主体工程设施，可称得上是珠联璧合的三宝，它们相辅相成，相得益彰，各自占据着最有利的地形，发挥出巨大的作用，这就是古老的都江堰能长期发挥其水利功效的重要原因所在。

这三大主体工程设施的综合功效，人们精确地概括为："分四六、平潦旱"。它的具体含义是：

每逢耕作季节，内江下游灌区需水量很大，这时，岷江经鱼嘴分流、堤堰导向，其中六成左右的水被引入宝瓶口，从而保证了平原地区的用水需要；当夏秋雨季来临时，岷江水位猛涨，洪水经鱼嘴劈分，大量水流向东冲去，在坚硬的岩石阻挡下，折向而来，形成横流，直扑飞沙堰。由于宝瓶口处的壅水作用以及外江河道具有较大坡降，这时的飞沙堰不仅能让内江多余的水流从堰顶溢出，而且同时"飞沙"，大量的洪水，大约占上游总水量的六成，携带沙石，沿外江河道，向下宣泄，其余四成左右的水流，进入宝瓶口，流入平原。进入平原水流的水势已是大大削减，只有沿各支渠平缓流淌而不能肆虐横行。

人们经过长期观测发现，都江堰渠首工程的这三大主体设施，的确能有效地控制洪水，按四、六（或六、四）的比例在雨季和旱季调节内外江水流，而且从没出现过差错。这一工程的设计修建，确实是一项巧夺天工的成就，它实现了人们涝旱从人的梦想。

湔堋，即都江堰渠首工程，在设计和修建方面所表现出的科学性，前人彭洵在《灌县初稿》中予以高度概括："盖江水急流，必须绥受，自虎头山下，足以撑双势趋向，南岸鱼嘴砥之北向，水势逐渐斗鸡台下，足壮如鸡距，激荡奔流，使之南堤，鱼嘴曲折缓复，复使之北，又有人字堤濠洄其势，其飞流直注象腹，灌入宝瓶口，象腹之北，复以水溺水，徐徐出山中，不致横击为患，然后折而东荡域下……此谓堰右检左者，固李公寄功，因地制宜之神思也。"

"堰右检左"，是都江堰渠首枢纽平面布置的法则，堰右：以往多种文献记叙为"堰其右"，是指岷江上游下来的水流的右岸（即西岸），是泄洪排沙的"堰"；检左：以往也多记的"检其左"，检是控制之意，这是指岷江左岸（东岸）是宝瓶口这道引水控制机关。堰右检左的设计，正是李冰"因地制宜"所发挥出的"神思"，而正是设计中所包含的科学因素，保证了古老的都江堰得以长久地、最大限度地发挥其水利功效，永葆青春活力。

古堰今夕

　　由于李冰所创建的都江堰工程在蜀地水利中发挥着举足轻重的作用，历代政权对它都予以高度的重视。两千多年来，在原有的基础上不断进行改造和完善工作，几乎从未间断。我们今天所看到的渠首工程，已和李冰时代的湔堋工程原貌相差甚远了。

　　都江堰渠首工程布局的演变，与该段岷江河道的变迁有着密切关系。岷江与沙河汇流的地方，河道初出山谷，河床开阔，岩壁石质的性质有很大变化，水流的侵蚀与堆积作用加强，因此，该段河道自古以来变迁频繁，河道逐步向西南方向推移。

　　河道西迁，河岸变陡，水流便掉头流向左岸的玉垒山。因此，李冰当时选择玉垒山开设宝瓶口。实践证明，这一引水口门的位置选定的极为合理，故而以后各代均沿袭承用，不曾废置。

元代以前，都江堰渠首布局的具体情况，已无详细的文字记载可考。直到元代揭溪斯（1274—1344）的《蜀堰碑》出现，才有了这方面的文字记述：

"以至元改元（1335）十有一月朔，肇事于都江堰。都江，即禹凿之处，分水之源也。盐井关限其西北，水西关据其西南，江南北皆东行。此旧无江，冰凿以避沫水之害。中为都江堰，少东为大小钓鱼，又东跨二江为石门，以节北江之水；又东为利民台，台之东南为侍郎、杨柳二堰，其水自离堆分流入南江……北江少东为虎头山，为斗鸡名。名有水则……乃书'深淘滩，低作堰'六字其旁，为治水之法，皆冰所为也。又东为离堆……南江自利民名有支流东南出万工堰，又东为骆驼，又东为碓口，绕青城而东。"

《蜀堰碑》中所载的"都江堰"，指的是鱼嘴分水堤，北面的是人工开挖出的"北江"（即内江），南面则是岷江的正道"南江"（即外江，又名"正南江"）。由"盐井关限其西北，水西关据其西南"这段文字可以推断出当时鱼嘴分水堤的大致位置在白沙河口附近，这同李冰时代鱼嘴分水堤的位置基本吻合。文中提及的"石门"，指石砌的溢流堰，位于鱼嘴的东面。大小钓鱼与利民台之间。"利民台"，指现今的韩家坝连夏家山一带的外江河库。"侍郎堰"即飞沙堰，而杨柳堰则位于现今的人字堤附近。据此，可以大致看出元代都江堰渠首布局的情况。

鱼嘴分水堤设在白沙河口附近，不仅在它两侧的引水口门易遭冲坏或被塞，而且内江河道（鱼嘴至宝瓶口一段）和利民台都长达3千米，河道淘淤及护堤工程自然规模也很大，维修和管理都不方便，所以，后来鱼嘴的位置就往下挪了。

清代初年，关口（即盐井关与水西关所夹的岷江口）以上岷江河道渐向西移，冲蚀右岸山脚，露出关口处的老君岩。老君岩凸向江心，把主流挑向东行。因此大量洪水涌入内江，出现了岷江正流侵蚀内江河道的情形。江水主流冲到玉垒关下的山脚一带，遇虎头岩回流，一下子冲开飞沙堰，又回到岷江正道内。于是，人字堤开始发挥劈分内外江水流的作用，有了"鱼嘴在人字堤"的文字记载。

清代道光年间，鱼嘴分水堤一度被上移到今索桥以上，但不久即遭冲毁；同治年间，又只好以人字堤代鱼嘴分水堤起作用了。

事实上鱼嘴在人字堤附近的这种整体布局，对宝瓶口处的分水、分沙非常不利。首先，没有外江的分洪，全部洪水涌到宝瓶口附近，必然要加大宝瓶口的进水量，这对内江下游干渠网的防洪极为不利；其次，失去飞沙堰和外江的"飞沙"作用，宝瓶口的进沙量剧增，这就直接导致了内江下游河道发生淤塞情况，使平原地区发生水灾。另外，任由洪水直接冲击离堆，对这一地区的安全也有很大威胁。

清代末年，著名农学家、水利学家丁宝桢于光绪三至五年（1877—1879）主持了都江堰的大修工程。他分析了鱼嘴分水堤设在白沙河口附近与设在人字堤处的各种利弊得失，将清代以来长期设在人字堤附近的鱼嘴分水堤上移，设在今索桥以上。丁宝桢的设计思想与当时李冰的初衷相合，即充分发挥渠首三大主体设施各自及整体的水利功效，从而收到预期的结果。

实践证明，丁宝桢的设计十分科学，较之以往清代各朝渠首总体布局，他的设计有以下优点：

第一，鱼嘴（丁宝桢所设计的）附近岷江河床比较稳定。右岸有马护岸控制，左岸有百丈堤导流，河床宽约250米，很少变动，所以此处劈分水流，可以稳定调节内外江水流量的比例。

第二，鱼嘴（丁宝桢所设计的）处的上下游水势有利于鱼嘴分水、引水，对排洪、排沙也很有利。

第三，鱼嘴分水堤上移后，为内江河段合理布置溢洪、飞沙设施提供了空间。丁宝桢在内江右岸布置了平水槽、飞沙堰和人字堤堰口三条溢洪道。平水槽和飞沙堰设在河槽末端凸岸泥沙聚集的地方，所以不仅泄洪，而且能排沙。尤其是飞沙堰选定在虎头岩对面的位置，这里由于江水的横流作用，使飞沙堰的排沙作用达到了最佳程度。

人字堤位于离堆前壅水区域，洪水时，对降低宝瓶口水位，减小洪水进入内江下游灌区的水量，效果十分明显。

自丁宝桢以后，近代所进行的几次都江堰渠大修工程中，渠首布局均无大的变化，基本是丁宝桢设计的模式。

中华人民共和国成立后，为改善引水、排沙条件，更好地调配内外江灌区的用水，增大岷江水资源的利用效率，政府组织渠首工程进行了进一步的改造。

1974年4月，建成了外江闸、共8孔，每孔净宽12米，当时靠右岸的七八两孔，暂调作沙黑河灌区的引水口。1982年，位于外江闸右侧，又建成了沙黑河闸，分2孔，每孔净宽12米，原外江闸被"借"用的七八两孔，又恢复其泄洪排沙的本职。为增大泄洪和排沙能力，减轻洪水对飞沙堰的冲击，特意增大了飞沙堰的过水断面，堰宽由原来的210米增加到240米。为降低洪水时离堆前的壅水高度，减少洪水涌入宝瓶口的水量，又降低了人字堤的高度以增加其泄洪能力。为减小凤栖窝浙江省石淤积的程度，使内江水流顺畅，在内江左侧修筑了二王庙顺水堤，从而便利于宝瓶口引水。还增设了韩家坝内江导漂等设施。

现在的都江堰渠首工程，比之以往每年要多引入10亿多立方米的岷江水，从而使内外江灌区的水量调配更加合理的充足。同时，外江闸和沙黑河闸的修建，使城市工业和生活用水不致因岁修而中断供应。总之，都江堰渠首枢纽工程，经过两千余年的不断改造，已日臻完善。

治水要诀

　　古老的都江堰历经两千余年，其勃勃生机仿佛永不衰败，设计施工上的科学合理当然是重要因素，优越的自然条件也是重要原因，但是，如果没有历代治水者的精心维护和不断改善，这座古堰怕是早已在岷江洪水的冲击下荡然无存了。

　　事实上，李冰之所以被后人推崇为我国伟大的水利专家，不仅因为他主持设计和兴建起了都江堰水利工程设施，同时还在于他对于如何治理岷江河道，从而使这一水利枢纽设施长久保持其功效方面，做了大量的研究工作。

　　湔堰工程竣工后，李冰认为这不能算是可以一劳永逸了。他深知，大堰和人体一样，三分治七分养，所以他非常重视养护大堰这一重要环节。他经过仔细观测，反复实践，潜心研究养护大堰设施的方法，逐步掌握了许多治理岷江河道的要领。

每年霜降时，李冰和儿子二郎便率领当地百姓，用杩槎和竹笼截断外江水流，让岷江水全部进入内江河道，然后把外江河床里的淤泥沙石淘出。翌年立春时，民工用斧头砍断杩脑顶上的竹绳，河水冲倒杩槎，民工们回收起木料，用它们制成新的杩槎来截断内江水流，疏浚内江河道。

李冰在治水过程中，总结出不少技术要领，其中最著名的要算是"六字箴言"，三石人像和石犀了。

六字箴言

所谓"六字箴言"（或作"六字真言"），是指李冰依据岷江水流规律及湔堰工程各设施的地理条件因素，为后人制定的治水准则——"深淘滩，低作堰"。这六个字被人们镌刻在宝瓶口附近临江石壁上。

《水经·江水注》载："李冰作大堰于此，立碑六字曰：'深淘漳（即滩），浅包鄢。鄢者，于江作堋，堋有左右口，谓之湔堋江'……"

"深淘滩"，是说内江河道在凤栖窝下的一段河床（位于宝瓶口前方），每年岁修清淤时，必须淘到足够的深度，否则，内江河床淤积过高，宝瓶口进水量就会减少，无法满足春耕灌溉、漂木、航运用水的需求。

"低作堰"，是说飞沙堰的堰体不宜筑得太高，否则，就会影响飞沙堰的泄洪和"飞沙"效果。李冰等人通过长期观测和探索，发现堰体高度在高出内江河床2米左右最最为适宜。

事实上，"深淘滩"就是指清淤的标准，而"低作堰"则是溢洪排沙的客观要求。这二者互相联系；只有在深淘滩的前提下，才可低作堰，否则，春耕季节就不能引入足够的水量；再者深淘滩后，又必须低作堰，不然，则影响飞沙堰的溢洪飞沙作用，进而导致下游平原地区遭受水灾。所以，集李冰等人长期治水经验所得的"六字箴言"，确实是治堰的行之有效的宝贵成就，因此成为历代修堰者所奉行的金科玉律。

"六字箴言"这一岁修准则，对两千多年来都江堰的治理，产生了极其深刻的影响。明代武宗正德年间（1506—1521），四川水利佥事卢翊，特刻《治水记碑》以示后人。这座碑今制立于二王庙中，碑文大致如下：

"蜀守权公冰凿离堆以刘蜀，刻深淘滩，低作堰"六言于名，立万世治水者法，所以治水出入，为旱涝计者重点。其用功缓急流疏密之序，意志较然。汉晋以来，率用是法。永嘉间，李公赢深龀之。唐宋相承，世享其利。元始肆力于堰，无复深淘之意，无乃公言不是法欤？假令沙石涌碛，水不得东，虽则溶金连障，高数百尺，牢不可发，亦何取于堰哉……"

从碑文中可知，汉晋唐宋历代，尊奉"六字箴言"治堰，即可"世享其利"，而无人一味高筑大堰，而不深挖河滩，既侵以金属设施替代杩槎、竹笼，其收到的效果也不理想。

石人、石犀和水则

深淘滩，到底要淘到多深才算合式呢？这就必须要有一个量的标准。淘滩的深度不够当然是不行的，但一味深挖，则要费工费时。为此，李冰在通过长期观测和反复印证之后，找到了一个适当的深度，于是他建立标记，作为岁修淘滩的深度标准。

《华阳国志·蜀志》记载："李冰曾于玉女房下白沙邮，作三石人立水中……水竭不至足，盛不没肩。"

白沙邮位于今都江堰市西八里的白沙街，是白沙街与岷江的汇合处。邮，是古时候传递文书的驿站。白沙街一带，在秦汉时期是平原汉人与山区少数民族居住区的分界线，在此设邮。玉女房在白沙街龙溪山的崖上，是崖墓一类的洞穴。

李冰在"玉女房"下面的水中，设立了三座石人像，用作测量江水水位高低的标志，它是现在已知有文字记载的最早的水则（又称水标），是我国古代水利工程技术的一大创举。

所谓"水竭不至足，盛不设肩"，就是一种水量标准。它的含义是指当水位浅到石人足部的时候，就表明内江下游用于灌溉和航运的水量不足，亟须加大宝瓶口进水量；当水位高至石人肩部时，就表示洪峰将至，提醒人们立即关闸截流、分洪、泄洪。

《蜀王本纪》载：李冰曾"作石犀五枚"。古人称水牛作犀。李冰所设的五头石牛，起着同鱼嘴相仿的分水作用，同时还能抵消部分水流对堤坝的冲击。有的学者认为，这五头石牛，也起着水则的作用。

棹传李冰曾在凤栖窝里用石马作淘滩标志，明代曹学会《蜀中名胜记》中有"都江口旧有石马埋滩下"的记载。清人陈丙魁也曾记述李冰治堰时"河底当年准石马"，即以石马作淘滩标准。清道光年间（1766—1825），人们在淘滩时确实挖出两只石兽，当时认为是石马。

李冰以石人、石犀、石马等作水则，除了水利方面应用外，还有着其他含义。前文讲述过，李冰在治理蜀地的过程中，不仅十分注重将中原先进的科技文化传播到蜀地，教化蜀人，同时还十分注意对蜀文化精华的吸收。此外，他又十分尊重蜀地的传统习俗。古代蜀人多有崇拜"石"的风尚，时至今日，岷山地区居住的蜀人后裔仍保留着拜"白石"神的习俗。在蜀奉行的阴阳五行学说中，石，属土，能胜水。故石犀等物又被赋予了"镇水"神物的内涵。而"五石犀"、"三石人"、"二石马"，在数字上也符合五行学说的要求。从这一点可以看出，李冰无时无刻不在努力适应蜀文化环境。

后来，李冰以铁板替代石马作为淘滩的深度标志。明代正德年间，水利佥事卢翊修浚河道时，就挖得铁板一块，上面刻有李冰的"六字箴言"。这块铁板，人们认为就是现存淘滩标志——"卧铁"的前身。

李冰在上述浚河治堰方面所取得的一系列成就，标志着我国古代水利史上一个新的阶段——定量治水阶段的开始。

浚河修堰

自李冰以后，历代人们都十分重视对大堰的维修工作。

三国时期，蜀汉诸葛亮治蜀时，十分重视都江堰的水利作用，他认为水利是农业的根本，是国家发展经济的重要基础。因此，他特别指派1200名壮丁驻扎灌县，专门护堰，并专设堰官主管浚河修堰工作。

宋代对都江堰的管理同样十分重视，制定了"旱则引灌、涝则疏导"等一整套管理制度和维修准则。规定每年冬季断流，春季淘淤。《宋史·河渠志》记载："岁暮水流，筑堤壅水上流；春正月，则役工浚治，谓之穿淘"。"穿淘"就是淘淤。岁修时，朝廷还要求详细记录施工的情况，包括河道的高低、宽窄、深浅、灌溉面积的大小，参加施工的人数，使用材料的规格和数量，以至主持工程官员的姓名等等诸多方面，都要记载造册，以供年终考核。规定对完成任务的予以奖赏，对工程不符合要求的而使堤堰被水冲坏的，则予以严惩。

对于水位、流量及飞沙高程，宋代亦有明确的规定。《宋史·河渠志》载："离堆之趾，旧镌（用犁尖在石头上刻画）石为水则，则盈一尺，至十尺则止。水及六则，流始是用；过则从侍郎堰减水河泄而归于江。岁作侍郎堰，必以竹为绳，自北引而南，准水则第四，以为高下之度。"当时，宋代官员在离堆石壁上刻有观测水位的水则，共十划，每划0.33米。水位如果到了六划，水流量就能满足内江下游灌区水量要求，超过六划，多余的水就从飞沙堰排入外江河道。每年岁修飞沙堰时，都要用竹绳由北向南测定高低，以水则上第四划作为飞沙堰的高程。

元代著名水利专家，四川肃政廉防使吉普当，曾主持过一次大规模的维修改造都江堰的水利工程。

工程开始之前，他亲自到都江堰渠首巡视，重点考察其关键工程设施32处，并指示灌县判官张宠按照他的修建方案先作小堰实验，待小堰经受洪水考验获得成功后，从元顺帝至元元年（1335）冬天开始，用了五个多月的时间，对都江堰进行了大修。

在这次大修工程中，以鱼嘴和利民台工程规模最大，其次是侍郎堰、杨柳堰等处工程。

大修中所采用的材料和方法与以前相比有很大改进，主要建筑物采用石灰浆砌条石结构，条石之间铸铁联结，并用桐油拌石灰和丝麻嵌塞缝隙。对于易坏的堤岸，砌以大卵石保护，并在堤上种植杨柳和灌木加固。宝瓶口以下的引水口，则用条石包砌，并做石门，启闭方便。

影响最大的工程要属铸铁大龟作分水鱼嘴，吉普当用了8000千克铁，铸成一个巨型铁龟作鱼嘴，并在铁龟前埋设铁柱，以削减水流对鱼嘴的冲击，并防止上游浮木、航运船只对鱼嘴直接撞击。

此番大修后，都江堰渠首枢纽设施正常运行了40年之久，其间再无大修。这说明此次大修极为成功。后来，固铁龟的基础沙石河床被淘空，鱼嘴才坠毁。吉普当在大修中创造的铁石材料工艺，是水利史上的一大进步。

明嘉靖二十九年（1550），按察司金事等人在主持都江堰大修工程中，沿用了吉普当的铁石材料施工工艺，铸了两头36250千克的大铁牛作分水鱼嘴。

鉴于吉普当安设铁龟时，固其基础不扎实，造成坠毁的教训，先在堰口上游截流，淘挖基础，在基坑里密置三百余根木桩，复以沙石填实，上面横铺柏木，再砌以厚约0.66米的石板，石板上，铸铁板为基础，最后才在基座上铸造铁牛。新的铁牛鱼嘴是由两条"首合尾分"，3.3米长的铁牛构成的，铁牛上刻有铭文："问堰口，准牛首；问堰低，寻牛趾。堰堤广狭顺牛尾。水没角端诸堰丰，须称高低修减水（飞沙堰）。"

由此可见，铁牛既被当做分水鱼嘴，又作为淘滩作堰的标准计量物。此次大修，在工程设计和工艺技术方面又有了很大提高。

明末清初，人们为找准深淘滩的尺度，在李冰埋设石马的地方安设了卧铁（又称铁桩）和铜标。

清同治十三年（1874），灌县和县胡圻，总结了历代治水防沙的经验，编成了治水三字经：

"六字传（指李冰的"六字箴言"），千秋鉴。挖河沙，堆堤岸。平四六，平潦军。水画符，铁桩见。笼编密，石装健。砌鱼嘴，安羊圈（一种类似竹笼性质的铁制装置）。立湃阙（指溢流堰），留漏罐（指金刚堤）。遵旧制，复古堰。"

清光绪丙午年（1906）春，成都知府文焕又对旧三字经进行修改，亲自书字，刻于二王庙前的石壁上，这就是我们今天看到的治水三字经：

"深淘滩，低作堰。六字旨，千秋鉴。挖河沙，堆堤岸。砌鱼嘴，安羊圈，立湃阙，留漏罐。笼编密，石装健。分四六，平潦军。水画符，铁柱见。岁勤修，预防患。遵旧制，毋擅变。"

开河通流

　　李冰主持修建都江堰工程的初衷一是壅作堋，消除岷江水患，从根本上改变平原地区受岷江威胁的状况；二是化水害为水利，利用湔堋工程引水，将岷江水资源合理地、充分地应用于平原地区的农田灌溉和航运漂木上去。为此，李冰在完成了湔堋工程之后，立即着手治理内江下游河流，疏浚河道，开挖干渠，导流通河。

　　我国古代的引水工程均系自流式，因此必须保证渠道坡降，而引水口的高程必须明显高于下游引水区域。宝瓶口的位置，正好满足上述条件。根据现代测量，都江堰渠首引水高程为730米，位于平原冲积扇底线的三个低洼出口的高程分别为，金堂峡谷为440米，成都为490米，新津为457米，地表坡降均在3‰以上。这样，岷江水从宝瓶口源源不断地引入，能在平原地区畅流无阻。

渠堰初成，李冰即顺应地势水情，组织开挖河道，收到事半功倍之效。他首先"自渠堰上分穿羊摩江，以灌江两"（《华阳国志·蜀志》），并"穿二江成都之中"（《史记·河渠书》）。

"分穿羊摩江"，指的是李冰对外江水系诸河流的治理活动。岷江自渠堰鱼嘴分水堤处分为内外江两股水流，外江在李冰及后人的治理下形成了以沙淘河、黑石河、金马河三大干渠为主的河道网络，负责灌溉岷江以西的广大区域。"羊摩江"，即沙、黑、金三河的总称。

沙淘河，其进水口在今都江堰渠首小鱼嘴处，流经灌县、崇庆，在灌县大兴县大兴乡二江桥处分为两支；右河泊红河，流至崇庆的通畅入西河，全长17千米；左为沙沟河，于元通场大锣李入西河，全长36千米。

黑石河，同沙沟河自沙黑河口分水而下，至崇庆三江镇与羊马河汇流，入西河，全长62千米。

羊马河，向渠堰正南14千米的正南江分水，至崇庆三河镇与黑石河汇流，入西河。

沙沟、黑石、羊马三条河流的开凿和疏浚，组成了外汇流域的灌区网络。《游蜀后记》记载：外江"自两汉以后，历代相沿，皆李冰所凿"。外江灌溉网络，使外江以西数万公顷农田尽享其利。

《史记·河渠书》载：李冰曾"穿二江成都之中"；

《风俗通》等亦说："秦昭王使李冰为蜀守，开成都西江，溉田万顷。"这说的是李冰治理内江水系诸河，开挖干渠，兴修内江水利的重要治水活动。

内江经宝瓶口进入平原地区后，又分成蒲阳河、柏条河、走马河、江安河四条主要河流支渠。其中柏条河、走马河，即上面文献所涉及的李冰开的"二江"，当时称作郫江和检江。

内江四大干渠如下：

郫江又名柏条河或北条河。内江入宝瓶口至太平堰与萍阳河分流后即柏条河，因其河道位于白河与萍阳河之间，故又称中江。它流经崇宁县入郫县东北，在太和场北接纳走马河分流的深堰河水流之后，再向东南至后堤堰，与毗河分流，转向西南，又称"府河"。府河经新繁县南，向西南流经成都西北九里堤，而后经双流县折而南下，至彭山县江口汇入岷江。其上游柏条河一段河道，即为李冰开凿的郫江。

检江，即走马河。检江自灌县仰天窝太平堰右分流后，东流数里，左分一支为徐堰河。主流再向东南，流至郫县南，经插板堰流入成都，过苏坡桥折向东去，至杜甫草堂、百花谭后而入锦江。锦江在东北外合江亭处流入府河。检江全长83千米。

走马河的最大支流徐堰河，是古代沱水的故道，由聚源场分出，经原崇宁县南，东过双郡桥，于郫县西南会合柏木河再向东南至太和场北，汇入郫江。

郫、检二江，均系分岷江、沱水而来。以二者相对位置而言，郫江东北而检江在南，故郫江又名"北江"，检江又称"南江"。这两条姐妹河，均为李冰开通，成为纵贯成都平原的主要河流。

蒲阳河，古称"湔江"。起自灌县东门外太平桥下的丁公鱼嘴处，它一路东行，在彭县君平场处分为两支：南支为锦水河，北支为青白江。青白江穿过新都、彭县、广汉，在金堂县赵镇汇入沱江，成为联结岷江和沱江的一条纽带。岷江部分水流通过青白江输入沱江。蒲阳河连同青白江，全长117千米。

江安河，古名望川河，又叫新开河。起自灌县今青城大桥下游数里处，分引正南江之水，向东南流10余千米，经灌县土桥场，入温江县；又走30多千米，经周家场，南流入双流镇。此地右分一水，再下经沙河堰，最后在二江桥下汇入府河。

李冰当时的治水活动，主要是围绕穿淘检、郫二江来进行的，这也是都江堰（湔堋）水利工程整体工程中的一部分。二江开通后，成为平原地区灌溉、航运、漂木的主干渠道。在此基础上，李冰又以渠首枢纽布局作为内江诸干渠的样板，在每一分水处都修建了鱼嘴分水设施。这样，在宝瓶口以下用一系列的鱼嘴分水堤将河流一分为二，二分为四，构成一张巨大的水利网络。都江堰以这种极具特色的建筑形式，在世界古代水利工程史上独领风骚。

以后历代治水者，在李冰的基础上，不断改造完善内江灌区干渠网，逐步形成了以郫、检、蒲阳、江要四大干渠为主干的水网。中华人民共和国成立后，对都江堰进行了大规模的整修和改造工程，陆续新建干渠，完善设施，修建分水闸，系统高速渠系，进行了灌区的工程配套，使灌溉面积由原来的13余万公顷猛增至66余万公顷，使都江堰这一古老的水利设施再度焕发出青春活力。

兴蜀地水利

在湔堋工程及内江、外江灌区水利工程竣工后，李冰即着手制定全面治理蜀地江河，大兴蜀地水利的宏伟计划。

根据现存的诸多文献史料可以看出，李冰大兴蜀地的浩大工程基本上是以湔堋枢纽设施，及内江、外江主干河渠为依托搭起的宏观框架，再于其间开凿河渠，疏导河流，从而使蜀地辽阔的平原上每一处都覆盖着纵横交错的水利网，这些水利设施，灌溉、滋润着蜀郡肥沃的田野，也为都市人们的生产生活带来了极大的利益。

《华阳国志·蜀志》记载：李冰曾"穿石犀溪于江南"，这是指李冰开通了检江后，为了沟通郫、检二江，又进行的开挖石犀溪的工程。李冰把检江水分入新开通的石犀溪河道，使其向下流经成都西南，再东流入郫县西北10多千米处的犀蒲，然后流入郫江。这一工程，填补了检、郫二江之间郫县地区的供水空白，使这一地区的大片农田得到充分灌溉。

《华阳国志·蜀志》载："（李）冰又通笮道之井江，经临邛，与蒙溪分水白木江会武阳天社山下，合江。"《水经·江水注》也说："江水又与文井江合，李冰所导也。自笮道与蒙溪分水，至蜀郡临邛县与布什（汉）水合。"

文井江上源主要有三：一是泊江河，发源于今灌县西部山区；二是北源味江河，发源于灌县青城山脉西部山区；三是文锦江，发源于今崇庆西部山区。这三源流在崇庆元通汇合，今称西河。西河接纳岷江支流沙沟河水后，经大邑、至新津，又汇来自临邛的布濮水，在沂津县东汇入岷江。蒙溪，即青衣江，是今青衣江上游河源之一的芦山河。白木江，是今邛崃县南河（或称小南河）。

李冰治文井江，主要是疏导，局部新挖。他指挥在文井江上游崇庆元通三源汇流处和下游与白木河汇流处进行疏通导流，固定河床，修筑堤防。后来，他又在这一地区设置了管理水利的机构——"亭"。

李冰"穿羊摩江"和"导文井江"的治水活动，对进一步发展成都平原西南部地区的经济，加强对这一地区各氏族部落的统治，产生了重要作用。岷江西岸地区，自李冰之后，逐渐成为远近闻名的"沃野之地"。

后来，李冰兴修的通文井江、汇白木河的两河水利工程在历代人们的不断改进下，发展成为现在三河堰灌区水利工程体系。

李冰对蜀地原有河流进行了有计划的改造。其中对古江沱的改造，是其颇为成功的范例。李冰修建湔堋之前，岷山原有一股支流，自马尔墩（今灌口镇青城大桥上侧，海拔698米）从岷江左岸分流而出，向东北流去，流经安顺桥、白衣庵，至导江铺南侧，再经郫县南、成都南，华阳河谷至江口，复入岷江。其中自导江铺至郫县南的河道，长25千米，落差达114米，洪水经常威胁古蜀国都城郫邑，蜀王丛常即有著名的"东别为沱"的治水壮举，在导江铺台地西侧北岸，分出一支新河渠，使原河道里的水分流向东北，至新都大渡（今赵家渡），出金堂峡谷，这就是《水经注》中所提及的开明"东别为沱"的古江沱。这条古江沱，上段即今保堰河，下段即今毗河，进水口在导江铺。由于古江沱横穿冲积扇平原盆地，河道易于淤塞，所以，李冰便废弃了原岷江支流在马尔墩的老河口，改由内江不。他为此特兴修了上、下马骑诸堤，故新河口名"马骑口"。从此，这条江沱成了检江的支渠。

《华阳国志·蜀志》说李冰曾"导洛通山洛水"。洛水，即今之石亭江，源出茂汶南界的牛心山（一说九顶山），南流，穿行于崇山峻岭之间，占高景关口（又称雒口），入平原，此间伴随洛水蜿蜒而行的山脉统称"洛通山"。洛水经什邡，绵竹二县之界河，又向东南流去，入广汉县境，在此，右汇鸭子河，左汇绵水（即今绵远河），而后又南至金堂赵镇，汇入毗河。秦汉时期，人们以检江（走马河）作岷江正流，其与郫江均自古郫邑境内分流，故称毗河作"郫别江"，或统称其郫江。新都大渡，即今金堂赵镇，时有"大渡亭"之称谓。李冰"导洛通山洛水"的洛水工程是在洛水进入平原的地方，即高景关口，将洛水分流为两支：一支南经什邡入郫河，即今广汉河；一支先经雒县先与绵水汇合，再南流与广汉河汇流于金堂赵镇，最后汇入"郫别江"——毗河。李冰兴建这一工程的目的在于以此沟通洛县（今广汉）的水路交通，从而适应当地经济发展的需要。秦以前，洛县即设有工官，专司制作银器、铁器。汉以后，汉高祖刘邦在洛县设置广汉郡，洛县地区成为该郡的工商业中心，蜀地经济因此而得到进一步的发展。饮水思源，李冰为洛县地区的兴旺发达所做出的重大贡献，功不可没。

"导洛通山洛水"之后，李冰又开始进行疏通绵水的工程。绵水，即今绵远河，发源于今绵竹县与茂汶县交界处的九顶山，向南流经绵竹县境，又东入德阳，再至广汉会洛水，而后南抵金堂赵镇会毗河，从此往下称沱江，再向下过资阳，至泸州而入长江。李冰疏通绵水的工程主要是修支渠分绵水，引水灌溉农田。

值得一提的是，李冰在大兴水利的同时，还十分注重蜀地农业生产的发展。"仓廪实"与国泰民安的关系对李冰而言是很清楚的。他治理蜀地水利的目的之一就是要引水溉田，促进粮食生产，从而使蜀地发展成为秦国的主要粮食供应基地，为秦统一天下做好战争的物资保障工作。为此，李冰始终把兴修水利与发展农业生产联系起来考虑，统筹规划。他一面抓水利建设，一面发动百姓开垦稻田，勤耕苦作。为使农田能最大限度地得到充足的水源，李冰在主干渠之间寻找有利地势，开通支渠，像"分穿羊摩江以灌江西"、疏通绵水及"穿石犀溪"等项工程的兴建，使主干渠难以顾及的许多地方得到支渠水流的滋润。在大兴水利以促进农业生产的同时，李冰在提倡推广应用先进的农业生产工具和生产技术方面也下了工夫。

  首先，他积极发展铁器工具的制造和使用，从生产力内在的重要因素上着手提高蜀地农业生产的水平。李冰时期，正是青铜器时代向铁器时代的转变时期，在这一历史性的转折点上，李冰以积极的态度支持铁器工具的发展。他以临邛为中心，发展起了蜀地冶铁业中心（后文将详叙），并从中原引进了铁器工具的生产技术。铁器工具的推广，生产力水平的提高，直接导致了农业生产水平的迅猛发展。李冰对蜀地铁器工具的生产及推广普及，建立了历史性的功勋。

  其次，李冰还在蜀地大力推广牛耕技术。李冰入蜀之前，畜力耕作技术在秦国的应用已十分普遍。但在蜀国，农业生产开展以来还滞留在比较原始的水平上。李冰到任后，把当时最先进的秦国的农业生产技术带到了蜀地。在他的大力扶植和推广下，先进的工艺技术为蜀地百姓接受和掌握，并得以普及推广。于是，蜀地农业生产有了长足的进步。

"于是，蜀沃野千里号为陆海。旱则引水浸润，雨则堵塞水门。故记曰水旱从人，不知饥馑，时无荒年，天下为之天府也。"——《华阳国志·蜀志》由于李冰的英明领导，蜀地的农业生产和经济建设发生了翻天覆地的巨大变化，蜀地成了后世几千年来为人们所羡慕的"天府之国"，蜀地百姓从此得以安居乐业。

巴蜀水运兴

李白有诗云，"蜀道难，难于上青天。"

这一脍炙人口的诗句，让人对在蜀地陆路行走的艰难，几乎到了闻而生畏的地步。诚然，蜀地多高山大川，山形地势险峻，人若驱马驾车，或是徒步行走，确实是不容易。然而，蜀地又是江河纵横，水网交错，倘若假借舟楫之便利，则轻灵迅捷得多了。故李白还有一句诗："朝辞白帝彩云间，千里江陵一日还。"所以，在蜀地特殊的地理条件下，人们在交通上多仰赖水路。因此，蜀地水路的开通与航运建筑，对蜀地经济的发展至关重要。特别是李冰当时的历史时期，秦要以蜀地为发动战争，统一天下的桥头堡，更是需要有畅通的交通保障。

在古代巴蜀地区，人类征服江河的活动由来已久，这一地区的造船和航运事业的发展，曾有过辉煌的历史。有文献可考的，大约在大禹时代，就已有了仗舟楫之利纵横江河的神话般的事迹。

按照《禹贡》（我国历史上第一部地学专著）所述九州地域的划分，古代四川大体相当于梁州的范围，其人口成分主要以蜀、巴两族为主。蜀族发祥于岷江上游一带，古蜀先民长期栖息江水边，在实践中，积累了大量水上交通的经验。后来，随着社会生产力的发展，蜀人借助于舟楫之利，突破了九顶山的屏障，将自己的活动范围逐步东扩，最后终于在平原地区发展壮大起来。出生于蜀地的大禹导江造舟，开明王驾舟通金堂峡谷，"东别为沱"的壮举，正是反映了这一时期蜀人在水上交通方面所取得的成就。

东征服大川急流的过程中，勤劳、勇敢又富有智慧的古巴蜀先民创造出了许多独具风格的川江船型。特别是战国时期，其造船水平更是闻名于世，当时较为著名的船型有"鹦鹉舟"、"大舶船"、"巴蜀舫舟"、"双屈战船"等。在当时，蜀国水军的实力也很强，在与水军强国楚国的数次争战中，蜀水军略占上风，而长于陆战的秦军相比，更是不可同日而语。这一点，也正是秦统治者所看重的。

早在秦国吞并蜀国之前，秦国统治者就已有了兴修蜀地水运航道，为攻打楚国作好战争准备的长远构想。根据这一构想，一下子改变了早先秦统一天下的计划。

秦惠文王在位时，秦王想趁巴、蜀两国交兵之机，从中渔利，一举吞并巴、蜀。但是，秦以前的征伐步骤是先向东面的韩国开刀，进而灭掉中原的周王朝，取而代之称天子。秦惠文王一时举棋不定，便与重臣张仪、司马错等人商议，不料却引发了一场激烈的辩论，这就是著名的秦延之辩。

张仪是伐韩东扩的代表人物，他认为，蜀国地处西南一隅。俗话讲得好，争名于朝，争利于市。现在，周王室就是天下诸侯所企望争名压利的朝和市，如不到那里去争，反而去偏僻的角落里用兵，岂不是离霸业太远了吗？

司马错则认为先东扩的观点是一种急功近利，不切实际的想法，要统一天下，必先强国、富民。巴蜀虽然偏僻，却是一块丰腴的肥肉，灭了蜀，则不难灭巴；巴、蜀有水路通楚，且一向精于造船驾舟，用巴蜀的战船和擅长水战的士兵，沿江而下攻打楚国，则楚必败。所以，得蜀就意味着得楚，得楚就意味着得天下，先西进攻蜀灭巴，才是完成统一天下霸业的上策。

司马错精辟入理的分析终于坚定了秦惠文王伐蜀的决心。以后的历史证明，司马错的战略思想是正确的。公元前308年，司马错率领巴蜀船舰几千艘，士兵十万之众，顺江而下，攻打楚国。秦国的船队以高屋建瓴之势杀来，楚军措手不及。结果是长江以南的大片土地迅速被秦军所占领，秦国在短期内便取得了灭楚的重大胜利。

李冰任蜀郡守之后，时刻牢记着发展蜀地水运交通的既定方针。他在治理岷江水系诸流之后，即着手对蜀地水路航道进行疏通和治理。

《华阳国志·蜀志》记载："时表衣江有沫水出蒙山下，伏行地中，会江南安，触山胁崖，水脉漂疾，破害舟船，历代患之。冰发率凿平崖，通正水道……南安县，郡东四百里，治清衣江会。县溉有名滩，一曰"雷垣，二曰盐溉，李冰所平吧。"这段文字，记述的是李冰治理南安江道的三个工程：凿崖，平雷垣、盐溉二滩。

南安故治今乐山，辖境范围较宽，曾是古蜀开明帝故都之一，后又作藩封丹、梨园之地。南安地理位置十分重要，是当时从成都走水路，通往蜀郡南部地区、巴郡，以及进军伐楚的必经之地，故秦入主巴蜀后，在南安置县，属蜀郡。

南安三江（岷江、青衣江、大渡河）汇流，自古多害。在青神、乐山之间的岷江河段上有青神峡，南北各有一岩层阻隔江水，构成了上下二滩，即雷垣、盐溉两摊。崖是今凌云寺大佛崖边的乱石崖。古时候的崖，向江心突出，大渡河与岷江这两股不同方向的水流在此聚首，水势汹涌，直冲崖，崖四周暗礁密布，往来船只在两股水流的夹击下，难以驾驭，多触礁破损或是被激流掀翻，落得船没人亡。

对待像这样的危险航段，李冰采取的"遇弯切角，逢正抽心"的治理办法。所谓"遇弯切角"，是指在处理河流糯段时，在凸岩裁去沙滩角，在凹岸设置挑流护岸式设施，改变主流方向，使水流顺直，从而使船只消除了在水流的冲击下撞向凹岸的危险，同时也使凹岸处免受主流的直接冲击。"逢正抽心"是指在顺直河段上遇有较多的汊沟时，应当浚深河槽中间部分，同时堵塞一些旁枝汊沟，利用水流集中冲击断开设的主河槽，拓宽过水横断面，使主流水量增大，航道增宽。李冰带领民工，凿掉了突向江心的部分，束水归槽，通正航路，使主水流较以往大为平顺，船只从此可以安全通过这里。

李冰遇弯（法）切（截）角，逢正轴心的治水思想早在湔堋工程中即有应用，实践证明，在治理乱流河道时，这种治水方法行之有效，它被人们奉为"八字格言"，镌刻在都江堰渠首处"三字经"的旁边。后来，人们在此基础上又发展出了"裁弯取直、逢正抽心"的方法。"遇弯切角"与"裁弯取直"，目的都是使水流变得顺直，但在操作上彼此相异，前者是以改变主流方向来达到目的，而后者则是通过改变主河道来达到目的。西方一些治水较有成效的国家，也曾提出过"治河以固定中水位河槽为主"的治水理论，但在时间上远远晚于李冰时代，而且在整体思想上也没有超越"八字格言"的内容。"八字格言"无疑又是一项令中国人引以为自豪的伟大成就。

李冰治理南安水道的第二项工程是平"雷垣"大滩。现在，雷垣滩已被平掉，其具体位置已无可考，但从文献记录及三江汇合的分文条件综合分析，可知大约它在大渡河入岷江口下游不远处。

　　李冰治理南安水道的第三项工程是"盐溉"滩。此滩经于今乐山东南15千米处，在乌尤山以南，牛华溪以北，以产盐得名。滩的形成，是由于地震运动所致。大滩长卧江中，冬季出于水面，船工尚能又而避之；但一到夏季水涨时，此滩便没于水面以下，形成暗礁，加之这里水流湍急，故船只难行，常出事故。李冰指挥人们，平除大滩，疏通水道，便利了以后的航运。

　　平限岷江僰道崖滩，是李冰领导的又一项疏通水道的著名工程。《华阳国志·蜀志》记载："僰道有故蜀王兵栏，亦有神作大滩江中。其岸渐峻不可凿，乃积薪烧之，故其处悬崖有赤白五色。"

　　蜀王兵栏，是指今宜宾北部的赤岩山，兵栏，传说是古蜀王孔兵的营寨。僰道大滩正当在岷江与长江汇流的水口，岩峻高险，石质坚硬，是历来的船家 航行的一大险段。

　　为了凿平这一顽石险滩，李冰率领百姓再次使用了在开凿宝瓶口时所采用的"积薪烧石"法，并在此基础上发明了"冷炸"技术。

　　具体方法是这样的，李冰他们把大量的柴草堆积在礁石上，引火烧石，礁石在高温状态下猛烈膨胀，接着，向礁石上浇酒醮醋，使石头表面刹裂，然后再迅速浇以泛水，泛水通过裂缝侵入石面以下，造成石头局部骤冷骤热，产生爆裂，碎石脱落。如此反复多次，再辅以斧凿锤击，终于将顽石险滩彻底平陟了。

就这样，李冰带领百姓清除了一座座险滩，疏通了一条条河道，在蜀郡建起了四通八达的水运交通网。从此，蜀地大江上下，帆影点点，川江号子，响彻四方，蜀地水运事业，显现出一派兴旺发达的景象。

穿广都盐井

　　《华阳国志·蜀志》记载：李冰曾"穿广都盐井"，"蜀于是盛有养生之饶"。开凿盐井，开发井盐资源，是李冰建设蜀郡立下的又一重大功绩。

　　在古代的蜀国，只有少数边远地区出产天然泉盐或咸土盐，而在平原盆地地区产盐极少，人们日常所需的食盐主要靠从外地贩运。张仪、张若等蜀郡早期执政者建立成都城后，曾在这里设置"盐铁市官并长丞"机构，专司盐铁市场流通领域的管理和征税。随着巴蜀地区经济的发展，以及秦国移民大批拥入而造成的人口剧增，食盐需求量也愈来愈大。据统计，以张若任蜀守期间，蜀郡每月需盐量达50000千克左右，光是依赖从境外贩运，已经远远不能满足人们生活的需要。这种情况下，到李冰就任蜀郡守时就更加严重了。因此，立足本地开发盐资源，成了蜀地迫切需要解决的问题。

我国食盐采制的来源大致有三条主要途径，海盐、湖盐和矿盐。沿海地区及有咸水湖的地方所用的食盐可以依赖海盐和湖盐，而内陆大部分地区所需的食盐，只有靠开采盐卤矿床来获得。

我国国古代盐矿开发最早的是天然卤水矿，它分为地表卤水和地下卤水两类。地表卤水是我们的祖先最早利用的天然卤水，它存在于地球表面或地表以下不深的岩石或淤泥孔隙中。地下卤水则深藏地层深处，它封存较好，具有比地表卤水更高的含盐量，但需用钻井开凿才能取得。

我国盐卤资源十分丰富，分布遍及四川、云南、贵州、甘肃、青海、西藏、新疆、湖北、江西、山东等地。我国钻井开采盐卤，即井盐的开采利用已有两千年的历史。早期井盐开采只有四川、云南、甘肃、西藏等地，其中主要集中在四川。四川井盐开采始于李冰时代的战国末期，是我国井盐开采的发祥地。

蜀地之所以能在李冰任郡守时期成为我国内陆地区食盐生产中心，是与它优厚的自然条件和诸多相关条件的具备密切相关的。

首先，四川地区有着极为丰富的盐卤资源。据地质科学资料分析，在1.85亿年以前的中生代三叠纪时代，四川盆地为沟通大西洋和太平洋的古地中海海水所覆盖。后来经过多次的海侵和海退作用，便产生了盐卤和盐岩，在局部构造上适合于集中这些盐卤和盐岩的特殊岩层。便形成了后来的产盐区。成都平原川西凹陷内的眉山、新津一带地下埋藏有钙芒硝、石盐及盐卤，其每升盐卤含盐量高达100克，局部地区盐卤矿层埋深仅20—30米，这一得天独厚的矿盐优势，为古蜀地区井盐业的开创和发展，提供了良好的自然条件。

其次，生产工具及生产的发展，又为井盐开发提供了必需的生产力水平的保证。铁器、冶铁技术的发展，为开采井盐提供了大量锐利坚韧的器具，使人们能开凿岩石，修造盐井。同时，秦向蜀地的大量移民，带来了中原先进的科学技术，与凿盐井相关的钻井技术、找矿技术等，就是这一时期在蜀地蓬勃发展起来的。

身为蜀郡守的李冰，不仅长于治水，在找矿、凿井技术方面，也有极高的造诣。《华阳国志·蜀志》中说："（李）冰能知天文地理……又识齐水脉"，并"穿广都盐井"。

在前期的治水活动中，李冰即已发现了自然流出的盐泉，在通过僰道平盐溉大滩时，他就看到了自地下涌出的盐泉。在改善城市引水的工程中，李冰指挥人们开凿了大量水井。直至现在，人们在成都北郊杨子山，西郊青羊宫、市内白丝街，东大街，南部的盐道街至南门或一带，还能发现多处古井遗址，有些水井之间相距不足200米。

据有关专家考证，这些水井极可能是地下相通的穿井，即地下井渠，它们在当时用来供城市居民生活用水以及浇灌附近农田。在开凿井的过程中，李冰发现了平原地区有浅层天然卤水。这一发现，使李冰对成都地区卤、水共生的自然现象又有了进一步的认识。

李冰"识齐水脉"，掌握了有关地下盐卤资源蕴藏的专业知识，据此测定了井址，并运用了开凿水井的方法，组织百姓在今四川双流县南华阳镇，开凿出我国第一口盐井——广都盐井。

在开凿盐井的过程中，人们遇到了两大难题：一是如何打井，以汲取地表以下较深处的盐卤；二是在汲取卤水过程中，由于卤水层常是在淡水层以下，这样，就造成了用一般汲水的方式汲卤水时，淡水混入卤水，导致所汲卤水含盐量降低。对这两大难题，李冰发挥出了他的聪明才智，一一予以解决。

首先，在凿井技术方面，由于蜀地表水资源丰富，自古以来无需打井取水，打井技术也就无从谈起。而李冰则不同，他在任蜀守之前，久居关中，对中原地区的凿井技术是很了解的，秦地关中和中原地区，淡水层深埋地下，人们在长期的打井取水实践活动中，总结出了一套完整系统的打凿水井的方法，到战国末期，秦人的挖凿深井技术已达到较高的水平。李冰将故乡先进的技术用于开凿盐井的工程，获得极大的成功。

李冰他们当时所开凿的盐井，属大口型浅水井，它可以由挖凿者手执工具，在井内直接进行施工作业。在挖掘过程中，他们采用了井圈下沉法进行施工。井圈，当时是由陶圈、板瓦和筒瓦制成，它的作用是加强井壁强度，抵御坑壁的压力。防止坍塌，施工时，人们每挖到一定深度时，就放置一个井圈，然后在井圈里向下挖凿，当又挖到一个井圈的高度时，便挖出井圈下的托土，使井圈慢慢下沉，然后在上面再加施一个井圈，如此反复依次下挖，即可挖凿出较深的井。用这种方法，既能保证施工安全，又可保证挖土的工作量，因而被后人广泛采用。

　　在解决卤水和淡水分隔的问题时，李冰更有独特的创造。他因地制宜，就地取材，用蜀地四处生长的竹子作材料，选大竹去掉枝叶，打通竹节，制成长长的管子，把竹管插入井口，穿过淡水层，直达盐卤矿床，从而达到了"以横隔入淡水"的目的，保证了卤水浓度，使"咸泉自上"。李冰的这一发明创造，对我国古代凿井技术的发展有着重要影响。11世纪前后出现的"卓筒井"凿井技术，其套管隔水工艺就是在李冰发明创造的基础上，"逐步完善而来的。我国古代凿井技术，曾一度领先世界诸国若干个世纪，在世界上享有世界钻井之父的美誉，若论其中成就，李冰自当占有重要地位。

　　自李冰穿广都盐井之后，蜀郡各地开始凿井采卤。至秦末，蜀地已有三个州县生产井盐。井盐业的飞速发展，不仅满足了蜀郡本地食盐的需求，结束了长期依赖外运食盐入蜀的被动局面，而且还作为重要的产盐基地，向秦国的其他地区供应食盐。

广都盐井的开凿成功，揭开了中国井盐生产的历史，早期盐井开凿技术也随之迅猛发展起来。李冰作为开凿我国第一口盐井的倡导者、组织者，功在千秋。

千里栈道

　　在前文介绍四川盆地的地形地貌时，强调了它四周环山的封闭特征。自古以来，由蜀地通向境外的陆路以险峻令人生畏，以致李白发出了"蜀道难，难于上青天"的慨叹。然而，古蜀先民并没有向恶劣的交通状况低头，他们经过一代又一代人的努力，终于打通了连接四方的道路。

　　到了战国末期，蜀地通往北方秦地和通向南方的陆路通道已开辟出几条。这是古蜀百姓千百年来的奋斗成果。

　　北面，从四川盆地向北，穿越米仓山、大巴山一线而到汉中盆地的道路有三条：米仓道、金牛道（或作石牛道）、左担道（或作阴平道）；再由汉中盆地穿越秦岭而到关中平原的道路也有三条：子午道、傥骆道、褒斜道。秦、蜀两地最重要的通道要属南段的金牛道和北段的褒斜道，即从令广元出发北上，穿金牛峡、越七盘关，到达陕西的宁强、勉县，再经褒城，入褒水所流经的褒谷，翻过秦岭山脉的分水岭，即抵达渭水南边的眉县。这条通道十分重要，使用率也最高，秦灭巴、蜀时的进兵路线，就是这条道。

南面，川滇通道主要开辟了两条。一条叫西夷道，或称邛笮道（后又有清溪道、表衣道、灵关道、旄牛道等称谓），由成都出发西行，经今邛崃、天全，折向南走，经雅安、荥经、汉源，穿越西河谷、安宁河谷、过越西、西昌、会理，渡金沙江，最后抵达今云南的普宁或大理。另一条叫南夷道，或称五尺道、石门道、朱提道，是从今宜宾出发，南经高县，豆沙关而入云南，经照通，曲靖，到达昆明或大理；另有一条支路通向东南，可抵今贵州的毕节和安顺。

上述这些通道，多以栈道通路，索桥（藤桥）渡河，道路狭窄坎坷。行路安全难以保障。到了李冰治蜀时代，这些通道有的因年久失修，道路断绝，被人们形容为"鸟经绝人烟"，有的栈道、索桥破损严重，路况十分危险。李冰心中十分清楚，陆路同水路一样，是联结蜀和境外，特别是秦本土的经济、军事大动脉，交通不便的状况既难适应蜀地的经济发展需要，更不符合秦以巴蜀为基地统一天下宏伟计划的要求。为此，他上书秦王，请求修复千里栈道。

秦王十分重视李冰的动议，他立即下令由当时的秦相范雎主持修路工程。道路的修复工程规模宏大，从地理上讲已包括了当时几个郡的范围，为此，范雎作为宏观整体的指挥者，调配几郡的人力物力，分段修路。李冰是修路的积极倡导者和坚决支持者，他指挥蜀人修复了北面蜀境内的数百里栈道及南面的道路，整体工程花了三四年才告完成。

　　通过这次大规模的修路活动，"千里栈道，无所不通"（《史记·货殖列传》），大大改善了蜀地交通状况，形成了四通八达的水路、陆路交通网，其他事业也因此受益匪浅。

　　首先是临邛冶铁业的兴旺发达。临邛，自古以来铁矿闻名于世，但是艰难的交通条件，长期制约着临邛地区的发展。自从李冰任蜀都守后，通过一系列的治理水路、陆路的活动，彻底改变了临邛地区封闭落后的状况。临邛成了当时著名的"沃野之地"，它吸引了不少人才前往发展。秦破赵后，有卓氏，世代精于冶铁，闻临邛美名，举家迁往。他"即铁山鼓铸"，把先进的中原冶铁技术带到临邛，迅速兴旺起来，不久即"倾滇蜀之民，富至僮千人"（《史记·货殖列传》）。又有一位叫"程郑"的，也是一位冶铁名匠，他也来到临邛发展冶铁业，后来也达到了"富埒卓氏"的兴旺境地。这些技艺高超的冶铁匠师的到来，带动了临邛冶铁业的迅猛发展，临邛地区一举成为秦国著名的冶铁业中心。

　　另一个较为重要的方面是蜀地与我国西南地区，乃至南亚，中亚地区的商贸活动，由于交通状况的改善而兴旺起来。蜀地通往南方的通道、被后人称作"南蕃古道"，它与北方著名的古"丝绸之路"一道，并称为"南方丝绸之路"。后来，北方的"丝绸之路"因政治、军事等原因，逐渐废置，而以蜀地成都为出发点的"南方丝绸之路"却一直为中外商旅们所倚重，它的重要性也就日益显露出来。从这一点来看，李冰治蜀期间对促进蜀地与境外乃至对中外商贸与文化交流方面，贡献也是很大的。

成都城市建设

  成都，作为蜀郡的政治、经济中心，自秦设置蜀郡之始，历任郡守都十分注重成都的城市建设，在张仪、张若等人治蜀期间，成都的建设已具规模。李冰到任后，又进一步加强了对成都城市建设的管理，他的突出政绩是兴修成都七桥和穿凿石犀溪。

  李冰在治理蜀地水利时，曾"穿二江成都之中"，郫、检二江绕成都西、南而行，隔开了成都市区与西、南方向的交通，修桥通路则成了"穿二江"后的必然步骤。《华阳国志·蜀志》记载："李冰造七桥"。这横跨二江之上的七座桥，有的在李冰之前已有，但已破旧，李冰将其进行维修改造；有的则是李冰所兴建的。

  对于这七座桥的说法，文献记载不一，各个历史时期的文献出现的桥名和有些桥的桥址均有所不同，根据有关专家的考证，现较为通行的说法是以下七座桥：

冲星桥（又称冲治桥）：《蜀志》记载其在正西门外的郫江之上，桥址大约在今魁星楼城墙外桥附近，是从少城西出的交通要冲。

玑星桥（市桥）：《蜀志》说在西南石牛门处，架于郫江之上，桥址大约在今西胜街西口与西校场正门之间，是从少城南行的交通要件。

员星桥（又称江桥）：《蜀志》说其在城南，架于郫江之上，故桥址大约在今文庙前街靠近南大街附近处，是从大城南行的交通要冲。

长星桥（又称万里桥）：《蜀志》说在员江桥南面是万里桥，架于检江之上，桥址约在今老南门大桥处，是从大城南行的交通要冲。

夷星桥（又称夷里桥·笮桥）：《蜀志》载万里桥西上二里处有笮桥，架于检江之上，桥址同今笮桥址。这座桥是李冰发动当地"笮人"修造的一座竹索桥，竹索上又铺设木板，当时只能行人走牲畜，但不能过车辆，是从少城南出的主要干道。现今已改造成钢索桥，但"笮桥"之名仍为今人所沿用。

尾星桥（又称长升桥）：《蜀志》载自冲治桥西去有长升桥，架于郫江之上，桥址大约位于今王建墓东北半里，北卷子与红光东路交叉口南面，是从少城出西北的主要路径。

曲星桥（又称永平桥），《蜀志》载郫江上西有永平桥，桥址位于今通绵桥附近，是从少城出西北的主要途径。

成都七桥的建成，达成了成都城内行政职能机构与城外人口聚集区的联系，同时又打通了成都与西部湔氐道、南面临邛、南安、武阳、严道等地的联系，从而加强了蜀地政权对各地的统治。

"穿石犀溪"工程意在沟通成都郫、检二江，这一人工干渠位于今成都市内西胜街一带，其北口自今同仁路南口市桥不远处分郫江水，向南流经方池街、南校场、斜向东流，入检江，长4里有余。其功能之一是分郫江水势，在一定程度上削减了郫江洪水对市区的威胁，另一功能在于供给沿岸地区人们的生活、生产用水。

成都七桥与穿石犀溪工程的兴建，很大程度上改善了城市居民的生存环境，为成都日后进一步发展成为天下名城打下了良好的基础。

时代的伟人

　　大约在秦昭王一年，即公元前235年左右，一代水利工程巨匠，贤明的蜀郡守李冰去世了。

　　在他任蜀郡守期间，他对中原先进科技文明的传播，以及汉蜀文化的有机融合，起到积极的促进作用；他为蜀地水利事业、航运事业、盐、铁业的发展做出了巨大贡献。在他的领导下，蜀地的经济建设发生了巨大的变化。

　　千百年来肆意横行的岷江，为李冰杰出的水利工程代表作——都江堰工程所降伏，历尽水患的蜀地百姓从此安居乐业，"天府"之门从此开启。

　　内江、外江干渠系统的兴建，使成都平原地区水网密布，"沃野千里"，农业生产及城市建设使百姓生活得到了根本性的改变。

浚河流、通栈道、建桥梁、使天堑变通途，四川盆地长期的封闭局面有了很大改观，蜀地与境外商贸活动的兴旺促进了当地的经济振兴。

临邛冶铁业的迅猛发展，奠定了临邛在全国冶铁业中的中心地位；铁器的推广普及，极大地提高了蜀地生产力的水平。

广都盐井的开凿成功，开创了我国乃至世界井盐生产的先河，"蜀于是盛有养生之饶"，井盐业飞速发展，成为全国重要的食盐生产基地。

李冰，以其卓越的成就，成为战国末期最为杰出的地方行政官员之一，在他的领导下，蜀地发展成为令世人瞩目的"天府之国"。蜀地百姓为了感激这位造福子孙的伟人，尊奉他为"川主"。

自秦汉以来，历代统治者都十分推崇这位执政有方，功绩显赫的治水英杰，不止一次地颁旨追谥李冰封号。两千年来，其封号已多达数十余之多！而官方主办的祭典更是规模浩大，级别甚高。据《除余丛考》记载，宋代对李冰每年的祭祀活动，每次要用羊四万只，而对祭品用羊的挑选也十分严格，足见人们对他的敬仰程度。

后来，李冰父子的事迹在蜀地民间渐被神话，他们被后人视为镇水的神灵。这也许是生前为蜀地百姓奋斗始终的李冰父子所始料不及的。李冰以其杰出的水利工程成就和高超的政治领导艺术，成为时代的伟人，彪炳青史。

世界五千年科技故事丛书